"오늘의 경제가
내일의 통찰이 되다"

하루 한 장, 경제와 함께하는 생활 인사이트

매일 아침 달력을 넘기듯 오늘 하루를 경제와 함께 시작한다면 어떨까요? 홀수 달에는 과거의 오늘 일어난 경제 사건을, 짝수 달에는 경제 전문가들의 명언을 담았습니다. 오늘을 이해하고, 내일을 준비하는 하루 한 장 경제 공부를 통해 경제와 한 걸음 더 가까워지는 습관을 만들어보세요. 과거의 경제 사건은 오늘을 살아갈 무기가 되고, 경제 사상가들의 명언은 내일의 시선을 바꾸는 지혜가 되어줄 것입니다.

EDEN HOUSE

경제 일력 365

초판 1쇄 인쇄 | 2025년 10월 13일
초판 2쇄 발행 | 2025년 12월 25일

지은이 | 박정호

발행인 | 정병철
발행처 | ㈜이든하우스출판
등 록 | 2021년 5월 7일 제2021-000134호
투 자 | 김준수
자 문 | 장하일
편 집 | 조예원
디자인 | 스튜디오41

주 소 | 서울시 마포구 양화로 133 서교타워 1201호
전 화 | 02-323-1410
팩 스 | 02-6499-1411
이메일 | jbc0721@naver.com
ISBN | 979-11-94353-32-4 (03320)
ⓒ 박정호, 2025

* 잘못된 제품은 구입하신 곳에서 바꿔드립니다.
* 이 제품은 저작권법에 의하여 보호를 받는 저작물이므로 무단 전재와 복제를 금합니다. 이 제품 내용의 전부 또는 일부를 이용하려면 반드시 저작권자와 ㈜이든하우스출판의 서면 동의를 받아야 합니다.

㈜이든하우스출판은 여러분의 소중한 원고를 기다립니다.
책에 대한 아이디어와 원고가 있다면 jbc0721@naver.com로 보내 주세요.

31

DECEMBER

냉철한 이성을 가지되
따뜻한 가슴을 잃지 말라.

Cool heads but warm hearts

앨프리드 마셜 Alfred Marshall

오늘의 한마디

투자와 경제활동은 냉철한 계산 위에 서야 하지만, 궁극적으로 인간 사회는 신뢰와 따뜻한 관계 위에서 성장한다. 위기 속에도 합리적 판단을 유지하면서 동시에 사회적 책임과 배려의 가치를 잃지 말아야 한다. 불확실하고 분열이 많은 시대일수록 이성과 따뜻함의 균형이 장기적 성공을 위한 토대가 된다.

01

JANUARY

미국, 국가 부채 전액 상환

1835년 1월 1일, 앤드루 잭슨(Andrew Jackson) 대통령 임기 중 미국 연방 정부는 건국 이래 쌓아온 국가 부채를 전액 상환했습니다. 이는 정부 지출을 줄이고 서부 영토 판매 수익을 활용하여 이뤄낸 역사적인 성과였습니다. 또한 미국 역사상 유일하게 부채로부터 완전히 자유로웠던 시기를 기록한 사건입니다.

미국의 국가 부채 상환은 부채 상환의 중요성을 강조하지만 일각에서는 경제공황의 원인 중 하나로 지목되기도 합니다. 이는 재정 건전성이 반드시 경제 번영을 보장하는 것은 아니며, 재정 정책의 적절한 균형이 중요함을 시사합니다.

오늘의 한마디

재정 건전성은 국가의 지속 가능한
성장을 위한 중요한 가치이다.

30
DECEMBER

알고리즘은 미래를 상상하거나 경영진의 인품, 재능, 비전을 평가하지 못한다.

Algorithms cannot imagine the future, or evaluate character, talent, and vision.

론 바론 Ron Baron

오늘의 한마디

AI와 알고리즘이 현대 금융시장을 지배하고 있지만, 그들이 해낼 수 없는 영역이 있다. 바로 사람의 비전, 창의성, 윤리성이다. 기업의 미래는 기술적 모델링만으로 설명되지 않는다. 지금처럼 기술이 앞서는 시대일수록 인간적 요소와 리더십 평가가 중요하다. 진짜 가치는 여전히 사람에게 있다.

02

JANUARY

덴마크 국가파산 선언

덴마크의 국가파산 선언은 1813년 1월, 나폴레옹 전쟁의 여파로 덴마크-노르웨이 왕국이 막대한 부채를 감당하지 못해 국고가 파산했음을 공식적으로 선언한 사건입니다. 전쟁으로 인한 재정 위기와 영국의 해상 봉쇄로 인한 무역 단절이 주요 원인이었습니다. 이 사건은 단순한 경제적 위기를 넘어 한 국가의 정치적, 사회적 기반까지 흔들 수 있는 금융 위기의 심각성을 보여줍니다. 파산 선언 이후 덴마크는 통화가치가 급락하고 극심한 인플레이션을 겪으며 경제적 혼란에 빠졌습니다.

이 사례는 외부적 충격과 내부적 재정 관리 실패가 결합되었을 때 국가가 어떤 위기를 맞을 수 있는지 보여줍니다. 특히, 국가 재정의 건전성이 국가 안보만큼 중요하다는 교훈을 남겼습니다. 이는 지속 가능한 경제성장을 위한 안정적인 재정정책의 필요성을 강조합니다.

오늘의 한마디

국가의 재정은 국가의 미래이다.

29

DECEMBER

이 업계에서는
운과 실력을 혼동하기 쉽다.

In this business
it's easy to confuse luck with brains.

짐 사이먼스 Jim Simons

오늘의 한마디

단기 수익이 항상 실력을 의미하지는 않는다. 때로는 단순히 시장의 흐름이 도와줬을 뿐인데 능력으로 착각하는 경우가 많다. 그러나 장기적 성과는 운이 아닌 검증된 전략과 꾸준한 실행에서 나온다. 시장이 출렁이는 환경일수록 운과 실력을 구분하는 겸손이 필요하다.

03

JANUARY

미국 증시 붕괴의 시작

1973년 1월부터 미국 증시는 장기간의 약세장(bear market)에 진입했습니다. 브레턴우즈 체제 붕괴, 베트남 전쟁 종식 후의 불확실성, 그리고 이후 10월에 발생한 제1차 석유파동이 복합적으로 작용하며 전 세계 증시가 크게 흔들렸습니다. 이 사건은 1929년 대공황 이후 최악의 경제 침체로 기록되었습니다. 주가가 약 2년 동안 45% 넘게 폭락하며 투자자들에게 큰 손실을 안겼고, 높은 인플레이션과 경기 침체가 동시에 발생하는 스태그플레이션이라는 새로운 경제 용어가 등장하는 계기가 되었습니다.

경제 위기는 단일한 원인으로 발생하지 않는다는 교훈을 남겼으며 정치적 불안정, 통화 시스템의 변화, 외부적 충격(석유파동) 등 다양한 요인들이 복합적으로 작용하여 거대한 경제 위기를 초래할 수 있음을 보여줍니다.

오늘의 한마디

경제의 거대한 파도는
보이지 않는 곳에서 시작된다.

28

DECEMBER

역사는 시장이 뛰어난 재능보다 규율을 더 높이 평가한다는 것을 보여준다.

History shows that the market rewards discipline more than brilliance.

하워드 막스 Howard Marks

오늘의 한마디

똑똑함만으로는 시장을 이길 수 없다. 장기적으로 살아남는 투자자는 뛰어난 두뇌보다 흔들리지 않는 규율을 가진 사람이다. 지금처럼 감정과 뉴스가 시장을 요동치게 할 때, 규율이 있는 투자자만이 일관된 성과를 낼 수 있다. 지속 가능한 성과의 핵심은 규율이다.

04

JANUARY

중국 증시 폭락

2016년 1월 4일, 새해 첫 거래일부터 중국 증시가 7% 넘게 폭락하며 거래가 중단되었습니다. 이는 시장의 과도한 변동성을 억제하기 위해 도입된 '서킷 브레이커(Circuit Breaker)'가 오히려 투자자들의 공포를 자극하며 투매를 부추긴 결과였습니다. 이 사건은 중국 금융시장의 구조적인 취약성을 여실히 드러냈습니다. 정부의 시장 개입이 때로는 의도와 달리 더 큰 혼란을 초래할 수 있다는 교훈과 함께 전 세계 금융시장에 불안감을 확산시키는 계기가 되었습니다.

금융시장의 제도는 신중한 설계와 시장의 특성에 대한 깊은 이해를 바탕으로 해야 합니다. 투명성과 신뢰가 부재한 시장에서는 아무리 좋은 제도라도 실패할 수 있다는 것을 시사합니다.

오늘의 한마디

시장의 규제는 신뢰를 바탕으로 한다.

27

DECEMBER

인생과 사업에서 많은 성공은 자신이 무엇을 피하고 싶은지 아는 데서 비롯된다.

A lot of success in life and business comes from knowing what you want to avoid.

찰리 멍거 Charlie Munger

오늘의 한마디

뛰어난 투자를 위해 반드시 기발한 아이디어가 필요한 것은 아니다. 큰 실수를 피하는 것만으로도 성과를 거둘 수 있다. 과도한 부채, 과열된 시장, 이해하지 못하는 상품을 피하는 습관이 장기 생존력을 높인다. 무엇을 하지 않을지 아는 것이 무엇을 할지 아는 것만큼 중요하다.

05

JANUARY

뉴욕증권거래소 거래량 3,000만 주 돌파

1960년 1월 5일, 뉴욕증권거래소의 일일 거래량이 사상 처음으로 3,000만 주를 돌파했습니다. 1950년대의 전후 경제 호황과 함께 미국 증시가 활발해졌음을 보여주는 상징적인 사건입니다. 이는 개인 투자자들의 참여가 증가하는 추세를 반영합니다. 또한 증권시장의 규모가 급격히 확대되고, 투자 활동이 대중화되는 전환점이 되었습니다.

오늘의 한마디

역사는 새로운 기록을 통해
한 시대의 성장을 증명한다.

26
DECEMBER

성공적인 투자의 비밀은 아주 간단하다. 무엇이 얼마의 가치가 있는지 계산하고, 그보다 훨씬 싼값에 사는 것이다.

The secret to successful investing is relatively simple: Figure out the value of something and then pay a lot less.

조엘 그린블랫 Joel Greenblatt

오늘의 한마디

복잡한 투자 전략보다 중요한 것은 여전히 '가치 대비 가격'이다. 시장은 언제나 과대평가와 저평가가 공존하기 때문에, 냉정하게 계산하고 싼값에 사는 습관이 수익의 근원이다. 단순한 원칙이야말로 장기적으로 가장 강한 무기가 된다.

06
JANUARY

김영삼 대통령, 부동산 실명제 시행 언급

1995년 1월 6일, 김영삼 대통령이 연두회견에서 부동산 실명제 시행 방침을 언급했습니다. 이는 부동산 투기를 근절하고 금융거래의 투명성을 높여 경제 정의를 실현하려는 목적으로 추진되었습니다. 실명제는 지하경제를 양성화하고 자금의 흐름을 투명화하여 한국 경제의 구조적인 건전성을 높이는 데 기여했습니다.
부동산 실명제는 시장에 큰 충격과 변화를 가져왔지만, 장기적으로는 자본주의 시장의 신뢰를 구축하는 데 필수적인 제도 개혁의 시사점을 줍니다.

오늘의 한마디

투명한 시스템이
건강한 시장 경제의 초석이다.

25

DECEMBER

위험을 감수하되 그에 상응하는 보상을 받는 것이 중요하며, 다양한 위험을 분산하여 포트폴리오를 구성해야 한다.

The trick is to take risks and be paid for taking those risks, but to take a diversified basket of risks in a portfolio.

제프리 건들락 Jeffrey Gundlach

오늘의 한마디

위험을 완전히 피할 수는 없다. 중요한 것은 위험을 합리적으로 감수하고 그에 걸맞은 대가를 받는 것이다. 또한 특정 자산에 올인하는 대신 다양한 위험을 균형 있게 혼합해야 한다. 경제 변수가 많은 시대일수록 분산은 필수적이다.

07
JANUARY

IMF 관리 체제, 한국 경제 구조 조정 본격화

1998년 1월 7일은 외환 위기 극복을 위한 IMF의 강력한 경제 구조 조정 프로그램이 본격화되던 시기였습니다. 금융 및 기업 부문의 대규모 정리와 노동시장의 유연화 조치가 시행되었는데, 이는 한국 경제의 체질을 근본적으로 개선하는 동시에 '평생 직장' 개념을 사라지게 한 고통스러운 전환을 의미합니다.

이 사건은 위기 극복을 위해서는 정치적 부담에도 불구하고 과감한 구조 개혁이 필수적이라는 시사점을 남겼습니다.

오늘의 한마디

구조 개혁의 고통은
미래 경제의 경쟁력으로 돌아온다.

24

DECEMBER

가장 많은 돌을 뒤집는 사람이 게임에서 승리한다.

The person who turns over the most rocks wins the game.

피터 린치 Peter Lynch

오늘의 한마디

더 많은 기업, 더 많은 아이디어를 검토할수록 숨겨진 보물을 발견할 확률이 높아진다. 정보가 방대할 때는 성가시더라도 시장 구석구석을 탐색하는 노력이 필요하다. 표면적인 인기 종목보다 숨겨진 기회가 더 큰 수익을 가져다준다. 끊임없는 탐색과 호기심이 초과 수익의 원천이 될 것이다.

08

JANUARY

정주영 전 회장, '300억 기업 자금' 폭로

1992년 1월 8일, 정주영 전 현대그룹 회장이 노태우 대통령에게 300억 원의 기업 자금을 헌금했다고 폭로했습니다. 이 사건은 대기업의 막대한 자본이 경영 효율성이 아닌 정치적 특혜와 보호를 위한 비용으로 사용되었음을 공개적으로 드러냈습니다. 또한 기업 자원의 심각한 왜곡 배분과 불투명한 회계 관행의 폐해를 상징하며, 주주 가치와 국가 경제 건전성을 심각하게 훼손하는 구조적 문제였음을 시사했습니다.
정주영 회장의 비리 자금 폭로는 한국 경제의 투명성 확보가 최우선 과제임을 각인시켰습니다.

오늘의 한마디

투명성이 확보되지 않은 기업 자본은
국가 경제의 독이 될 수 있다.

23

DECEMBER

재정적 평화는 물건을 얻는 것이 아니라 버는 것보다 적게 사는 법을 배우는 것이다.

Financial peace isn't the acquisition of stuff; it's learning to live on less than you make.

데이브 램지 Dave Ramsey

오늘의 한마디

소득과 지출의 균형을 지키지 못한다면 어떤 투자 전략도 무의미하다. 재정적 자유는 더 버는 것이 아니라 덜 쓰며 여유 자금을 쌓는 데서 시작된다. 남는 돈이 곧 투자 자본이고, 이는 미래 자산을 키우는 원천이 될 것이다.

09

JANUARY

지미 카터 추모일
미국 증시 임시 휴장의 날

2024년 12월 29일, 제39대 미국 대통령 지미 카터(Jimmy Carter)가 100세의 나이로 별세했습니다. 이에 조 바이든(Joe Biden) 대통령은 2025년 1월 9일을 국가 애도의 날로 선포했으며, 뉴욕증권거래소(NYSE)와 나스닥(NASDAQ)을 포함한 주요 미국 증권시장은 추모를 위해 임시 휴장했습니다. 전직 대통령의 추모를 위해 증시가 휴장하는 것은 미국 내 전통입니다. 이는 고인이 된 국가 지도자에 대한 존경을 표하고, 국민들에게 애도의 시간을 제공하기 위한 조치입니다. 국가적인 중대사에 금융시장이 일시적으로 멈추는 것은 시장의 기능적 측면을 넘어 사회적, 문화적 가치를 존중하는 행위입니다. 이는 단순한 경제활동을 넘어선 공동체 의식의 중요성을 시사합니다.

오늘의 한마디

한 사람의 삶이 남긴 발자취에 모두가 잠시 멈추다.

22

DECEMBER

가격은 당신이 지불하는 것이고 가치는 당신이 얻는 것이다.

Price is what you pay,
value is what you get.

워런 버핏 Warren Buffett

오늘의 한마디

높은 가격의 주식이 반드시 높은 가치를 보장하지 않는다. 단순히 '얼마를 지불했는가'가 아니라 '그 대가로 무엇을 얻는가'를 냉정하게 따져야 한다. 일부 산업에 과열이 몰린 시기에는 더욱 가치와 가격의 차이를 잘 구분할 수 있어야 한다. 장기적으로 보상은 가격이 아니라 가치에서 비롯된다.

10
JANUARY

미국, 그린백 발행

1862년 1월 10일, 남북전쟁으로 인한 막대한 전비를 조달하기 위해 미국 재무부가 '그린백(Greenbacks)'이라는 지폐를 발행했습니다. 이는 금이나 은으로 교환할 수 없는 법화(Fiat currency)로, 미국 정부가 발행한 최초의 지폐였습니다. 그린백의 발행은 미국 정부가 전쟁 자금을 확보하고, 금융 시스템을 안정시키는 데 결정적인 역할을 했습니다. 이는 금본위제에서 벗어난 최초의 통화 실험이었으며, 정부의 재정정책이 통화 발행에 직접적인 영향을 미치는 현대 통화 시스템의 시초가 되었습니다.

위기 상황에서 정부의 과감한 금융정책이 국가의 운명을 바꿀 수 있음을 보여줍니다. 그린백은 전쟁 수행에 필요한 자금을 조달하며 연방의 승리에 기여했지만, 동시에 인플레이션 논쟁을 불러일으키며 통화정책의 복잡성을 시사했습니다.

오늘의 한마디

통화의 힘은 국가의 위기에서 시작된다.

21

DECEMBER

대부분의 수익은 약세장에서 만들어진다. 다만 그 순간에 모를 뿐이다.

You make most of your money in a bear market; you just don't realize it at the time.

셀비 컬롬 데이비스 Shelby Cullom Davis

오늘의 한마디

약세장은 기회가 숨어 있는 시기이다. 모두가 떠나는 순간의 저가 매수는 시간이 지나 수익으로 전환되기도 한다. 하지만 그 순간에는 고통과 공포 때문에 알아보기 어렵다. 시장의 불확실성이 높은 때일수록 장기적 관점에서 약세장의 저축이 미래의 초과 수익을 만든다.

11

JANUARY

뱅크오브아메리카, 컨트리와이드 인수 발표

2008년 1월 11일, 뱅크오브아메리카는 서브프라임 모기지 사태로 인해 파산 위기에 처한 모기지 대출회사 컨트리와이드 파이낸셜을 인수하기로 최종 합의했습니다. 컨트리와이드의 인수는 뱅크오브아메리카가 주택 대출 시장에서 압도적인 위치를 차지하게 만들었습니다. 동시에, 뱅크오브아메리카는 막대한 부실 자산을 떠안게 되면서 금융 위기 이후 막대한 법적 소송과 재정적 손실을 감수해야 했습니다.

이 사건은 정부의 개입과 대형 금융기관의 역할에 대한 질문을 던지며, 금융 시스템의 취약성과 거대 기업 간의 합병이 가져올 수 있는 위험성을 보여주었습니다.

오늘의 한마디

위기를 기회로 삼았지만,
그 대가 또한 컸던 인수합병.

20

DECEMBER

우리는 부채에 의해 촉발된 상황의 마지막 단계에 와 있다.

We are in the last mile of this debt-fueled situation.

제프리 건들락 Jeffrey Gundlach

오늘의 한마디

지난 수년간의 저금리 정책은 과도한 부채를 쌓이게 만들었고, 이제 그 후유증이 드러나는 단계이다. 국가, 기업, 가계 모두 차입 구조를 줄이지 않으면 위기는 또다시 반복될 것이다. 지금은 위험 자산의 단기 반등보다 부채 구조와 유동성 흐름을 면밀히 살펴야 할 시점이다. 빚의 말미에선 작은 충격도 치명적일 수 있다.

12
JANUARY

중화학공업 육성 정책 선언

1973년 1월 12일, 박정희 대통령이 한국의 경제성장을 위한 중화학공업 육성 정책을 공식 선언했습니다. 박 대통령은 기자회견에서 1980년대 초까지 수출 100억 달러, 1인당 국민소득 1,000달러를 달성하겠다고 밝혔습니다. 철강, 조선, 석유화학 등 중화학 산업에 집중하여 산업구조를 고도화하고, 수출 주도 산업을 키워 나가겠다는 계획이었습니다.

중화학공업화 선언은 기존의 경공업 중심에서 중화학공업 중심으로 전환되면서 이후 산업구조와 수출 상품 구성이 크게 바뀌었고, 한국의 성장 궤적에도 큰 영향을 미쳤습니다.

오늘의 한마디

국가의 산업 전략적 선택이
장기적인 경제성장의 방향을 결정한다.

19
DECEMBER

주식 펀드 투자자의 가장 큰 적은 비용과 감정이다.

The two greatest enemies of the equity-fund investor are expenses and emotions.

존 보글 John Bogle

오늘의 한마디

시장 수익률을 갉아먹는 가장 흔한 두 가지가 바로 보이지 않는 비용과 투자자의 감정적 매매이다. 수수료 절감은 장기 복리 효과를 극대화하고, 감정 통제는 불필요한 손실을 막는다. 불확실성이 클수록 비용과 감정을 관리하는 단순한 원칙이 더욱 빛을 발할 것이다.

13

JANUARY

제1차 경제개발 5개년 계획 발표

1962년 1월 13일, 대한민국 정부는 경제성장을 위한 청사진인 제1차 경제개발 5개년 계획을 발표했습니다. 이 계획은 1962년부터 1966년까지 경공업을 중심으로 경제 발전의 방향을 제시하며, 한국 경제의 초석을 다지는 중요한 출발점이 되었습니다. 수출을 증대하고 산업 시설을 확충하여 국가 경제를 성장시키는 데 기여했습니다.

제1차 경제개발 5개년 계획은 국가가 장기적인 비전을 가지고 경제를 이끌어가는 것이 얼마나 중요한지 시사합니다. 현재의 관점에서 볼 때 이는 지속 가능한 성장과 미래를 위한 계획의 필요성을 강조하는 역사적 사례입니다.

오늘의 한마디

위대한 성장은 눈앞의 이익이 아닌
멀리 내다보는 계획에서 시작된다.

18

DECEMBER

가격은 당신이 지불하는 것이고 위험은 당신이 측정하는 것이다.

Price is what you pay —
risk is what you measure.

하워드 막스 Howard Marks

오늘의 한마디

같은 가격이라도 투자자마다 위험에 대한 평가는 다르다. 단순한 가격 숫자에 매몰되지 말고 금리·부채·산업구조를 고려한 '잠재 위험'을 반드시 측정해야 한다. 리스크 요인이 많은 환경에서는 가격 자체보다 숨어 있는 위험을 분석하는 능력이 필수이다. 지불한 돈보다 측정한 리스크가 투자의 성패를 가른다.

14

JANUARY

애플 주가 급락

2008년 1월 14일, 애플의 주가가 약 7.5% 급락했습니다. 이는 당시 JP모건 등 주요 투자은행들이 애플의 주식 투자 의견을 하향 조정하고, 애플의 첫 아이폰 판매량이 예상치를 밑돌 것이라는 전망을 내놓으면서 발생했습니다. 당시 애플은 아이폰 출시로 높은 기대감에 부풀어 있었으나, 이 사건은 신제품 초기 성과와 경제 상황에 대한 시장의 우려를 반영했습니다. 애플의 주가는 이후에도 한동안 변동성을 보이며 투자자들의 불안 심리가 확산되는 계기가 되었습니다.

시장의 기대가 현실을 앞지를 때 발생하는 위험을 보여줍니다. 특히 혁신적인 신제품에 대한 높은 기대가 실제 성과로 이어지지 못할 경우, 주가에 큰 충격을 줄 수 있다는 교훈을 남겼습니다.

오늘의 한마디

기대가 현실을 앞지를 때
시장은 차갑게 반응한다.

17

DECEMBER

10번 중 9번 맞는 일은 없다.
투자에서 늘 정답을 맞출 수 없다.

You're never going to be right nine times out of ten.

스탠리 드러켄밀러 Stanley Druckenmiller

오늘의 한마디

투자에서 예측이 매번 맞기를 바라는 것은 비현실적이다. 중요한 것은 맞히는 빈도가 아니라 손익의 균형이다. 실수는 당연한 것이며, 큰 성공 몇 번이 전체 성과를 결정한다. 완벽을 추구하기보다 유연성과 손실 관리에 집중해야 한다.

15

JANUARY

프랑스 파리, 증시 붕괴

1882년 1월, 프랑스 증권시장에 상장된 가톨릭 은행 위니옹 제네랄(Union Générale)이 과도한 투기와 회계 부정으로 파산하면서 촉발된 금융 위기입니다. 이로 인해 파리 증시는 폭락했고 수많은 투자자들이 파산했으며, 증권사들의 25%가 문을 닫는 등 심각한 경제적 혼란을 겪었습니다. 19세기 말 투기 거품이 꺼지면서 발생한 대표적인 신용위기 사례입니다. 이 사건은 금융시장의 불안정성과 투기의 위험성을 보여주었으며, 한 은행의 파산이 어떻게 금융 시스템 전체로 전염될 수 있는지 보여주는 역사적 교훈이 되었습니다.

프랑스의 신용 위기는 금융 시스템의 규제와 감독의 중요성을 일깨웠습니다. 과도한 투기 열풍과 부실한 재무 관리는 결국 시장의 신뢰를 무너뜨리고 큰 위기를 초래할 수 있다는 점을 상기시킵니다.

오늘의 한마디

투기의 끝은 언제나 파멸이다.

16

DECEMBER

하락장이 오래 이어지면 투자자들은 스스로에게 해가 되는 행동을 하기도 한다. 바닥에서 팔고 반등을 기다리는 일은 피하라.

When the market experiences a sharp or
sustained break, fear builds, motivating people
into doing things that hurt themselves
like selling out at the bottom before the rebound.

켄 피셔 Ken Fisher

오늘의 한마디

시장이 급락하면 본능적으로 손실을 피하려 매도하고 싶어진다. 그러나 바닥에서 떠난 사람은 반등의 과실을 결코 얻을 수 없다. 최근과 같은 변동성 장세에서 가장 큰 위험은 공포 그 자체이다. 위기는 언제나 반전의 출발점이기도 하므로, 과잉 반응이 아니라 냉정한 분석과 기다림이 필요하다.

16

JANUARY

미국, 금주법 시행

1920년 1월 16일, 미국의 수정 헌법 제18조에 따라 미국 전역에서 주류의 생산, 판매, 운송을 금지하는 금주법이 공식적으로 시행되었습니다. 금주법은 사회문제의 주범으로 지목되던 알코올 중독과 범죄율을 낮추고, 국민의 건강과 도덕성을 향상시키려는 목적으로 제정되었습니다. 그러나 결과적으로는 밀주 시장과 마피아 조직을 활성화시켜 오히려 사회 혼란과 범죄를 부추기는 역효과를 낳았습니다. 이 법은 1933년에 폐지되었습니다.

미국 금주법은 선의를 가진 정책이 의도치 않은 부작용을 낳을 수 있다는 점을 보여주는 대표적인 사례입니다. 정부 정책을 수립할 때 단기적인 목표뿐만 아니라 장기적인 관점에서 사회적, 경제적 파급효과를 면밀히 검토하는 것이 얼마나 중요한지 강조하는 교훈을 줍니다.

오늘의 한마디

좋은 의도만으로 좋은 결과를 만들 수는 없으며,
깊은 통찰과 신중한 접근이 필요하다.

15
DECEMBER

다른 사람들이 탐욕스러울 때 두려워하고 다른 사람들이 두려워할 때 탐욕스러워라.

When others are greedy, be fearful; when others are fearful, be greedy.

워런 버핏 Warren Buffett

오늘의 한마디

시장은 언제나 극단을 오간다. 모두가 낙관하고 쫓아오를 때가 가장 큰 위험이고, 모두가 패닉에 빠졌을 때가 최고의 기회가 된다. 최근에도 특정 자산에서는 과열이, 또 다른 자산에서는 과도한 비관이 동시에 나타나는 모습이 보인다. 진정한 투자자는 군중의 반대편에서 차분히 기회를 잡는다.

17

JANUARY

영국의 금융 위기 (대침체 여파)

2009년 1월은 '블루 먼데이'로 불리는 특정 은행 붕괴 사건이 있었던 시기는 아니지만, 2008년 글로벌 금융 위기의 여파가 영국의 금융시장을 강타했던 시기입니다. 영국 중앙은행(BOE; Bank of England)은 금융 시스템을 안정시키기 위해 기준금리를 415년 만에 최저 수준인 1.5%로 인하했고, 로열뱅크오브스코틀랜드(RBS) 등 부실 은행에 대한 대규모 구제금융이 진행되었습니다. 당시 영국의 금융 시스템은 서브프라임 모기지 사태의 후폭풍으로 심각한 유동성 위기를 겪었습니다. 이 시기 정부의 개입은 국가가 금융 시스템의 붕괴를 막기 위해 시장에 직접 개입할 수밖에 없었던 상황을 시사합니다.

영국의 금융 위기는 금융 시스템의 상호 연결성이 전 세계로 위기를 확산시킬 수 있으며, 중앙은행과 정부의 신속한 정책 결정이 경제 붕괴를 막는 데 얼마나 중요한 역할을 하는지 강조합니다.

오늘의 한마디

위기 속 정부의 선택은 역사를 바꾼다.

14

DECEMBER

최선의 투자는 투기가 아니라 사실에 근거한 투자다.

The best investment is one based on facts, not speculation.

벤저민 그레이엄 Benjamin Graham

오늘의 한마디

소문과 추측에 기반한 투자는 단기적 행운을 줄 수 있어도 장기적으로는 실패한다. 실제 수치, 검증 가능한 데이터, 기업의 내재 가치를 근거로 한 투자가 유일하게 신뢰할 수 있는 길이다. 투기는 순간의 환상일 뿐, 사실만이 장기적 부를 만들어줄 것이다.

18
JANUARY

다우존스지수 1,000 돌파

1966년 1월 18일, 미국 증시의 다우존스 산업평균지수가 장중 처음으로 1,000포인트를 돌파했습니다. 비록 종가 기준으로는 1,000포인트 아래로 마감했지만, 이는 1929년 대공황 이후 지속된 상승장 속에서 투자자들이 기대했던 중요한 심리적 이정표였습니다. 이 사건은 미국 경제가 제2차 세계대전 이후 장기적인 호황을 누리고 있음을 상징적으로 보여줍니다. 지수가 1,000포인트에 도달했다는 사실만으로도 당시 투자자들의 강한 자신감과 낙관적인 시장 분위기를 엿볼 수 있습니다.

당시 주식시장에서 '1,000'이라는 숫자는 매우 상징적이었습니다. 또한, 일시적인 돌파가 아닌 꾸준한 성장을 통해 진정한 기록을 세워야 한다는 교훈을 남겼습니다. 실제로 다우지수는 1972년이 되어서야 1,000포인트를 돌파하며 마감했습니다.

오늘의 한마디

진정한 기록은 꾸준함 속에서 완성된다.

13

DECEMBER

꾸준히 어리석지 않으려고 노력함으로써 얼마나 많은 장기적 이점을 얻었는지 생각해보면 매우 놀랍다.

It is remarkable how much long-term advantage people like us have gotten by trying to be consistently not stupid.

찰리 멍거 Charlie Munger

오늘의 한마디

천재적 통찰보다 중요한 것은 단순한 실수를 반복하지 않는 것이다. 무리한 빚, 과열 자산 추격, 감정적 매매 같은 어리석음을 피하는 것만으로도 평균을 능가하는 성과를 얻을 수 있다. 불확실성이 클수록 꾸준한 노력이 곧 전략이 된다. 위대한 성과는 단순함에서 나온다.

19

JANUARY

마틴 루터 킹 주니어 탄생일
미국 증시 휴장일 및 조기 폐장일

마틴 루터 킹 주니어 탄생일(Martin Luther King Jr. Day)은 미국에서 매년 1월 셋째 주 월요일로 지정된 연방 공휴일입니다. 흑인 인권 운동의 지도자였던 마틴 루터 킹 주니어 목사의 탄생을 기념하며, 그의 비폭력 평화 운동과 인권 증진에 대한 공헌을 기리는 날입니다. 이날은 단순히 킹 목사의 생일을 축하하는 것을 넘어, '모두가 평등한 사회'를 되새기고 인종차별에 맞서 싸운 역사를 기억하는 중요한 의미를 가집니다.

킹 목사의 탄생일은 인종과 출신에 상관없이 모든 사람이 존엄하게 살아갈 권리가 있다는 보편적 가치를 강조하며 현대 사회가 직면한 다양한 불평등 문제를 해결하는 데 중요한 영감을 줍니다.

오늘의 한마디

우리는 모두 인종과 국경을 넘어
평등을 꿈꿔야 한다.

12

DECEMBER

경쟁이 약한 시장에서
더 큰 수익 기회가 생긴다.

In a market where competition is relatively weak,
there is a greater chance of profit.

줄리언 로버트슨 Julian Robertson

오늘의 한마디

모든 자산이 과잉 경쟁에 노출된 곳에서는 초과 수익을 내기 어렵다. 반대로 관심이 적거나 경쟁이 덜 치열한 틈새시장에서 큰 기회가 생길 수 있다. 지금은 소외된 지역, 저평가된 산업, 비효율이 남아 있는 곳이 오히려 보물 창고일 수 있다. 남들이 경쟁하지 않는 자리에서 더 큰 보상이 기다린다.

20
JANUARY

버락 오바마 대통령 취임

2009년 1월 20일, 버락 오바마(Barack Obama)가 제44대 미국 대통령으로 취임했습니다. 오바마 대통령의 취임은 금융 위기로 인한 극심한 경제적 불안정 속에서 이루어졌습니다. 당시 시장은 역사상 가장 낮은 주가 수준을 기록하며, 위기 상황의 심각성을 보여주었습니다. 특히 주요 투자은행들의 주가가 급락한 것은 금융 시스템 전반의 신뢰가 무너졌음을 의미합니다.

오바마 행정부는 과감한 금융 안정화 정책과 경제 부양책으로 이후 시장의 신뢰를 회복시키고 장기적인 상승장을 이끌어내면서 미국 경제에 중요한 전환점이 되었습니다. 이는 정부의 적극적인 개입이 경제 위기 극복에 필수적일 수 있음을 시사합니다.

오늘의 한마디

위기 속에서 시작된 리더십은
인내와 정책으로 시장을 회복시킨다.

11

DECEMBER

시장이 미친 듯이 변동하고, 변동성이 커지며, 감정적으로 들떠 있거나, 공황에 가까워질 때는 시장 전설들의 지혜를 듣는 것이 중요하다.

In times when markets get crazy, volatile, emotional verging on euphoria or panic, there's a lot to be said for listening to the wisdom of legendary investors.

켄 피셔 Ken Fisher

오늘의 한마디

공포와 탐욕이 극단에 이르면 투자자는 쉽게 휘둘린다. 이럴 때는 소음을 차단하고, 오래 검증된 원칙과 지혜에 의지하는 것이 중요하다. 전설적인 투자자들이 반복해서 강조한 기본 원칙이 길을 밝혀줄 것이다. 시장의 소음보다 지혜의 목소리에 집중해야 한다.

21
JANUARY

소시에테 제네랄 사기 사건

2008년 1월 21일, 유럽과 아시아 증시가 미국발 서브프라임 모기지 사태의 여파로 일제히 폭락했습니다. 특히 프랑스 은행 '소시에테 제네랄(Société Générale)'은 내부 트레이더의 무단 거래로 49억 유로라는 막대한 손실이 발생했음을 발표하며 금융시장의 불안을 더욱 부채질했습니다. 이 사건은 1987년의 '블랙 먼데이'를 연상시키며 시장에 큰 충격을 주었고, 다음 날 미국 연준의 긴급 금리 인하를 이끌어냈습니다.

소시에테 제네랄 사건은 금융기관의 내부 통제 시스템이 얼마나 중요한지 알리며, 투명성과 규제가 시장의 안정성을 유지하는 데 필수적이라는 교훈을 남겼습니다. 또한 한 개인의 일탈이 전 세계적 위기로 번질 수 있다는 것을 보여주며, 금융 시스템의 취약성을 드러냈습니다.

오늘의 한마디

투명한 믿음이 흔들릴 때
공포는 눈덩이처럼 불어난다.

10

DECEMBER

투자에서 가장 중요한 것은 안전 마진이다.

The secret of sound investment is the margin of safety.

벤저민 그레이엄 Benjamin Graham

오늘의 한마디

내재 가치보다 충분히 낮은 가격에 매수해야 예기치 못한 충격도 견딜 수 있다. 예측이 어려운 시대일수록 보호 장치로서의 안전 마진을 확보하는 습관이 필요하다. 싸게 사는 원칙이 결국 가장 강력한 무기이다.

22

JANUARY

연준의 긴급 금리 인하

2008년 1월 22일, 미국 연준은 예정에 없던 긴급회의를 열고 기준금리를 0.75%포인트 인하하는 파격적인 조치를 단행했습니다. 이는 9·11 테러 이후 처음이자 25년 만에 가장 큰 폭의 금리 인하였습니다. 당시 글로벌 증시가 급락하는 등 금융시장의 불안정성이 극에 달하자 선제적으로 대응한 것입니다. 연준의 금리 인하는 단순한 경기 부양책을 넘어, 금융 위기의 심각성을 공식적으로 인정한 신호였습니다. 연준이 정상적인 절차를 무시하고 긴급히 움직였다는 사실 자체가 시장에 엄청난 충격을 주었고, 금융 시스템이 붕괴될 수 있다는 공포를 확산시켰습니다.

이 사건은 경제 위기 상황에서 중앙은행의 역할이 시장에 미치는 영향력을 극명하게 보여줍니다. 시장의 신뢰를 회복하고 위기를 진정시키기 위한 과감한 조치가 필요하지만, 동시에 시장의 공포를 키울 수도 있다는 교훈을 남겼습니다.

오늘의 한마디

믿음이 무너지면 모든 것이 흔들린다.

09

DECEMBER

가장 좋은 투자는 나 자신에게 하는 것이다. 자신의 재능을 향상시키는 모든 것은 나에게 이익이 된다.

Your best investment is in yourself; anything that improves your own talents benefits you.

워런 버핏 Warren Buffett

오늘의 한마디

시장이나 산업은 언제든 변할 수 있지만, 자신에게 쌓은 지식과 역량은 결코 사라지지 않는다. 금리 환경, 경기 흐름과 무관하게 자기 계발은 평생 복리 효과를 가져다준다. 개인의 역량은 최고의 자산이다. 가장 높은 수익률은 자기 자신에 투자할 때 얻을 수 있다.

23
JANUARY

미국, AI 기술 혁신 가속화 행정 명령 서명

2025년 1월 23일, 미국이 'AI 리더십 장벽 제거' 행정명령에 서명하며 AI 혁신 가속화를 공식화했습니다. 이 조치는 AI 데이터 센터 인프라 구축 신속화, 불필요한 규제 철폐 등을 포함하여 민간 주도의 기술 개발을 촉진하는 데 중점을 둡니다. 이는 미래 핵심 산업에 대한 정부의 전략적 투자와 규제 완화를 통해 장기적인 국가 경제 경쟁력과 생산성 향상을 이끌어내겠다는 강력한 의지를 시사하는 긍정적 사건입니다.

오늘의 한마디

미래 성장의 열쇠는 규제 완화를 통한
AI 혁신 속도에 달려 있다.

08

DECEMBER

시간은 훌륭한 회사의 친구이고, 평범한 회사의 적이다.

Time is the friend of the wonderful company, the enemy of the mediocre.

워런 버핏 Warren Buffett

오늘의 한마디

우량 기업은 시간이 지날수록 경쟁력이 강화되고 시장에서 지위를 공고히 한다. 반대로 미약한 기업은 시간이 지날수록 약점이 드러난다. 인내심 있는 투자자라면 시간이 친구가 되어 든든한 복리의 힘을 누릴 수 있다. 결국 어떤 회사를 고르느냐가 시간이 자산이 될지 리스크가 될지를 가른다.

24

JANUARY

애플, 매킨토시 출시

1984년 1월 24일, 애플이 그래픽 사용자 인터페이스(GUI)와 마우스를 탑재한 개인용 컴퓨터 '매킨토시(Macintosh)'를 출시했습니다. 당시 파격적인 광고와 함께 공개된 매킨토시는 컴퓨터를 전문가의 전유물에서 대중의 영역으로 확장시키는 시발점이 되었습니다. 매킨토시는 복잡한 명령어를 입력해야 했던 기존 컴퓨터와 달리, 직관적인 그래픽 환경을 제공하여 컴퓨터 사용 방식을 완전히 바꾸어놓았습니다. 이는 PC의 대중화를 이끌었으며, 오늘날 우리가 사용하는 모든 컴퓨터의 기본 운영 방식을 확립하는 데 결정적인 역할을 했습니다.

매킨토시의 성공은 기술이 사용자 친화적이고 직관적일 때 진정한 혁신이 된다는 것을 보여줍니다. 뛰어난 기술력뿐만 아니라, 사용자를 최우선으로 생각하는 디자인 철학이 산업의 판도를 바꿀 수 있다는 교훈을 남겼습니다.

오늘의 한마디

혁신은 사람을 향할 때 가장 빛난다.

07

DECEMBER

투자자들이 가장 많이 하는 실수는 단기적인 관점에 사로잡히는 것이다.

The biggest mistake investors make is they are too short-term oriented.

제프리 건들락 Jeffrey Gundlach

오늘의 한마디

주가는 하루에도 몇 번씩 오르내리지만, 기업 가치의 성장은 오랜 시간에 걸쳐 이루어진다. 단기 차트에 매달리면 장기 복리 효과를 놓치게 된다. 변동성이 큰 시장에서는 길게 보는 시야가 오히려 최대의 무기이다. 단기적 흔들림에 흔들리지 않는 인내가 성과를 보장한다.

25

JANUARY

게임스탑 주가 폭등 사건

2021년 1월, 미국의 비디오 게임 판매업체 '게임스탑(GameStop)' 주가가 개인 투자자들의 집단 매수와 대형 헤지펀드의 공매도 포지션이 맞물리면서 폭등했습니다. 이는 거대한 기관 투자자들의 공매도에 맞서 주식을 매집하는 '개미들의 반란'으로 불립니다. 또한 소셜 미디어와 온라인 커뮤니티가 개인 투자자들의 힘을 결집하여 거대한 월스트리트의 금융기관에 대항할 수 있음을 보여준 사례로 기록됩니다. 전통적인 금융 시스템에 대한 도전이자, 정보의 비대칭성을 해소하려는 시도로 평가받습니다.

이 사건은 공매도와 같은 금융 시스템의 구조적 문제에 대한 논의를 촉발했으며, 금융 규제 당국의 역할에 대한 재검토를 불러왔습니다.

오늘의 한마디

디지털 시대의 힘은 개개인의 손에 있다.

06

DECEMBER

시장 추세를 만드는 힘은 자연과 인간의 행동에 뿌리를 두고 있다.

The forces that cause market trends have their origin in nature and human behavior.

랠프 넬슨 엘리엇 Ralph Nelson Elliott

오늘의 한마디

경제지표와 기술 발전도 중요하지만 시장의 근본 흐름을 결정하는 것은 인간의 심리와 행동 패턴이다. 탐욕과 두려움, 무리 짓는 군집 본능이 시장의 과열과 붕괴를 반복시킨다. 뉴스와 SNS가 심리를 즉각 증폭시키는 시대에는 더욱 그러하다. 추세를 읽으려면 자연스러운 인간 행동 패턴을 먼저 이해해야 한다.

26
JANUARY

한미 자유무역협정 공식 서명

2007년 1월 26일, 한국과 미국은 워싱턴 D.C.에서 한미 자유무역협정(FTA) 협상 타결에 따른 공식 서명식을 가졌습니다. 이날 서명은 양국 정부가 세계 최대 경제 규모인 미국 시장과 한국 경제를 직접 연결하는 역사적 합의로 기록되었습니다. 한미 FTA는 이후 한국이 체결한 여러 다자·양자 FTA의 기준점이 되었고, 글로벌 무역 질서 속에서 한국의 무역 네트워크 확대를 견인했습니다. 특히 한국은 세계에서 미국·EU·중국과 모두 FTA를 체결한 몇 안 되는 국가로, 무역 다변화 전략을 강화할 수 있었습니다.

오늘의 한마디

국가 간 무역협정은 경쟁과 기회라는
양날의 검이 될 수 있다.

05

DECEMBER

나는 예측보다 분석을 신뢰한다.

I believe in analysis,
not forecasting.

니콜라스 다바스 Nicolas Darvas

오늘의 한마디

시장 전망은 언제나 오차가 크다. 미래를 맞히려 애쓰는 것보다 현재 드러난 데이터와 기업 분석을 신뢰하는 것이 훨씬 실질적인 방법이다. 분석에 기반한 투자만이 재현성 있는 결과를 가져다준다. 예측은 참고 사항일 뿐, 중요한 것은 검증된 분석이다.

27

JANUARY

LG에너지솔루션 상장

2022년 1월 27일, 국내 배터리 제조사인 LG에너지솔루션이 유가증권시장에 상장했습니다. 상장 첫날 시가총액이 110조 원을 넘어서며 단숨에 코스피 시총 2위에 올랐습니다. 당시 국내 증시 역사상 최대 규모의 기업공개(IPO)로 국내외 투자자들의 높은 관심을 받았으며, K-배터리 산업의 성장 가능성과 위상을 전 세계에 각인시켰습니다.

대규모 우량 기업의 상장은 증시에 활력을 불어넣고, 관련 산업 전반에 긍정적인 영향을 미칠 수 있습니다. LG에너지솔루션의 상장은 성장 가능성이 높은 기술주에 대한 투자자들의 기대감을 보여주는 사례입니다.

오늘의 한마디

혁신적인 기술이 금융시장의 판도를 바꾼다.

04

DECEMBER

내 바람대로만 투자할 수는 없다. 있는 그대로 투자해야 한다.

I cannot invest the way I want the world to be;
I have to invest the way the world is.

짐 로저스 Jim Rogers

오늘의 한마디

이상적인 세상에 맞춰 투자하면 현실과 괴리가 생긴다. 사회·정치·경제적 불안이 가득해도 그것이 곧 현실이다. 세상은 바람대로 움직이지 않으므로, 투자자는 있는 그대로를 인정하고 거기에 맞는 행동을 해야 한다. 내 바람이 아니라 현실이 기준이다.

28
JANUARY

개별주식옵션시장 개설

2002년 1월 2일, 국내 금융시장에 특정 종목의 주식을 미리 정해진 가격으로 사고팔 수 있는 권리인 개별주식옵션시장이 개설되었습니다. 이로 인해 투자자들은 주가 변동성에 대한 위험을 헤지*하거나, 레버리지를 활용한 다양한 투자 전략을 구사할 수 있게 되었습니다.

이는 국내 금융시장의 상품 다양성을 확대하고, 파생 상품 시장을 발전시키는 중요한 계기가 되었습니다. 또한, 외국인 투자 유치에도 긍정적인 영향을 미쳤습니다.

* 불확실한 상황에서 손실이 생기지 않도록 미리 대비한다는 뜻.

오늘의 한마디

금융 혁신은 시장의 역동성을 더한다.

03

DECEMBER

실력이 있다면 규모가 커져도 상관없다고 생각했지만, 문제는 회사가 커질수록 고를 수 있는 메뉴가 줄어든다는 점이다.

I always had the feeling that if you got talent to keep up with assets, it didn't matter how big you got. The problem is, the buffet table gets smaller as you get bigger.

줄리언 로버트슨 Julian Robertson

오늘의 한마디

자산이 커질수록 투자 기회는 제한된다. 대형 펀드일수록 소형주나 틈새시장을 활용하기 어렵기 때문이다. 개인투자의 장점은 기동성과 선택의 폭이다. 지금 같은 변화의 시대에는 '큰돈의 제약'이 없는 개인의 유연성이 오히려 강점이 될 수 있다.

29
JANUARY

최초 휘발유 자동차 특허 취득

1886년 1월 29일, 독일의 기술자 카를 벤츠(Karl Benz)가 세계 최초의 휘발유 내연기관 자동차인 '페이턴트 모터바겐(Patent-Motorwagen)'에 대한 특허를 취득하면서 당시 마차를 대체할 혁신적인 개인 이동 수단으로 주목받았습니다. 단순한 이동 수단을 넘어 자동차 산업이라는 거대한 새로운 산업 분야의 시작을 알렸으며, 전 세계인의 삶과 문화를 완전히 바꾸는 계기가 되었습니다.

개인의 발명과 특허가 어떻게 인류의 생활 방식을 송두리째 바꿀 수 있는지 보여줍니다. 또한 자동차의 탄생은 기술혁신이 사회의 경제와 문명 전체를 발전시키는 원동력이 될 수 있음을 시사합니다.

오늘의 한마디

한 사람의 꿈이 인류의 역사를 움직인다.

02

DECEMBER

내가 거둔 수익은 오랜 계획과 기다림, 그리고 관찰 덕분이었다.

The big profits I have made were through very long planning, waiting and watching.

필립 피셔 Philip Fisher

오늘의 한마디

급등락 속에서 순간의 재치로 큰 수익을 얻는 경우는 매우 드물다. 큰 성과는 치밀한 계획, 인내심 있는 기다림, 그리고 지속적인 관찰의 결과이다. 장기 변수가 많은 환경에서는 시간이 더욱 좋은 친구가 된다. 조급함 대신 꾸준한 준비가 초과 수익을 만든다.

30

JANUARY

WHO, 국제공중보건위기 선언

2020년 1월 30일, 세계보건기구(WHO)가 신종 코로나 바이러스 감염증(코로나19)에 대해 '국제공중보건위기상황(PHEIC)'을 선포했습니다. WHO가 내릴 수 있는 최고 수준의 경계 선언으로, 코로나19가 전 세계적으로 확산될 가능성이 높음을 공식적으로 알렸습니다.

이 선언 이후 각국 정부는 국경 통제, 여행 제한, 방역 강화 등 본격적인 대응에 나서기 시작했습니다.

오늘의 한마디

보이지 않는 바이러스가 전 세계를 멈추다.

01

DECEMBER

투자에서 성공은 성격과 용기에 달려 있다.

Your success in investing will depend in part on your character and guts.

벤저민 그레이엄 Benjamin Graham

오늘의 한마디

전략과 지식도 중요하지만 결국 성과는 개인의 성격과 태도에서 결정된다. 탐욕과 공포 속에서 흔들리지 않는 규율, 위기 때 과감히 움직일 수 있는 용기가 필요하다. 시장은 투자자의 기질을 시험한다. 냉정한 성격과 담대한 용기가 최고의 투자 무기가 될 것이다.

31

JANUARY

미국 익스플로러 1호 발사, '국가적 기술 투자 경쟁의 시작'

1958년 1월 31일, 소련의 스푸트니크 발사에 자극받은 미국이 우주 경쟁에서 주도권을 되찾기 위해 최초의 인공위성 익스플로러 1호를 성공적으로 발사했습니다. 이 사건은 단순한 과학적 성과를 넘어, 미국 정부가 국방 및 기술 우위를 확보하기 위해 천문학적인 자금을 과학 및 연구 개발(R&D) 분야에 쏟아붓는 '빅 사이언스(Big Science)' 시대를 본격적으로 열었습니다.

이러한 국가 주도의 대규모 투자는 이후 반도체, 컴퓨터, 통신 등 첨단 산업 전반에 걸친 혁신을 가속화하여, 미국의 장기적인 경제 패권을 강화하는 밑거름이 되었다는 점에서 큰 경제적 시사점을 가집니다.

오늘의 한마디

국가의 전략적 기술 투자는
미래의 경제성장에 가장 확실한 씨앗이다.

# 365 Days of Economics

12

DECEMBER

365 Days of Economics

2

FEBRUARY

30

NOVEMBER

도이치뱅크, 뱅커스트러스트 인수 발표

1998년 11월 30일, 독일 최대 은행인 도이치뱅크(Deutsche Bank)가 미국 투자은행 뱅커스트러스트(Bankers Trust Corporation)를 약 100억 달러에 인수한다고 공식 발표했습니다. 이 인수는 1999년 6월에 완료되어 당시 자산 규모 기준 세계 최대 은행이 탄생했습니다. 유럽 은행이 미국 금융시장에 본격적으로 진출한 역사적인 사건으로 평가됩니다. 도이치뱅크는 합병을 통해 투자은행 부문을 대폭 강화하고 글로벌 경쟁력을 확보하는 계기를 마련했습니다.

이후 글로벌 금융시장에서 대형 인수합병(M&A) 열풍이 일어났으며, 금융산업의 거대화와 국경을 초월한 경쟁이 심화되는 시대를 예고했습니다.

오늘의 한마디

세계시장을 향한
거인의 담대한 발걸음.

01

FEBRUARY

첫 번째 규칙: 절대 돈을 잃지 마라.
두 번째 규칙: 첫 번째 규칙을 절대 잊지 마라.

Rule No. 1: Never lose money.
Rule No. 2: Never forget rule No. 1.

워런 버핏 Warren Buffett

오늘의 한마디

인플레이션, 금리 변동, 고용 불안이 큰 시대일수록 '잃지 않는 것'이 곧 최고의 방어이자 공격이다. 안정적 현금 흐름과 안전망을 먼저 만들고, 여유가 생길 때 성장 기회를 노리는 것이 현명하다.

29
NOVEMBER

서울 1000년 타임캡슐 매설

1994년 11월 29일, 서울 정도(定都) 600년을 기념하여 남산골 한옥마을에 '서울 1000년 타임캡슐'이 묻혔습니다. 이 타임캡슐 안에는 600년간의 서울의 역사를 상징하는 600점의 문물과 미래 서울의 모습을 상상할 수 있는 다양한 자료들이 담겨 있습니다. 타임캡슐은 과거의 기억을 현재에 담아 미래 세대에게 전달하려는 상징적인 시도입니다. 단순한 유물 보존을 넘어서 시대를 초월하여 서울 시민의 자긍심을 고취하고 과거와 현재, 미래를 잇는 문화적 연결 고리 역할을 의미합니다.

이 사건은 도시의 역사를 기념하고 미래를 준비하는 지혜를 보여줍니다. 빠르게 변화하는 현대사회 속에서 우리는 과거의 유산과 가치를 어떻게 보존하고, 다음 세대에게 어떤 메시지를 남겨야 할지 고민하게 합니다.

오늘의 한마디

천년의 약속,
서울의 이야기는 계속된다.

02

FEBRUARY

군중을 따라가면 결국 평범한 결과에 그칠 뿐이다.

Mimicking the herd invites regression to the mean.

찰리 멍거 Charlie Munger

오늘의 한마디

모든 사람이 주식시장의 특정 종목이나 부동산에 몰려들면 안전하고 확실한 선택처럼 보일 수 있다. 하지만 이는 이미 가격에 반영된 정보일 가능성이 높으며, 남들이 보지 못하는 기회를 찾아내기 어렵게 만든다. 성공적인 투자를 위해서는 대중의 심리를 역행하고, 스스로의 통찰력을 믿는 용기가 필요하다.

28

NOVEMBER

테헤란회담 개최

1943년 11월 28일부터 12월 1일까지 이란의 수도 테헤란에서 제2차 세계대전의 주요 연합국 정상들이 모여 개최한 회담입니다. 미국의 루스벨트, 영국의 처칠(Winston Churchill), 소련의 스탈린(Joseph Stalin)이 참석하여 2차 세계대전의 향방과 전후 처리 문제에 대해 논의했습니다. 이 회담에서 세 정상은 독일을 동부와 서부에서 동시에 공격하는 '노르망디 상륙작전(오버로드 작전)'을 승인하고, 전후 독일의 분할 점령을 논의했습니다. 또한 터키와 이란의 중립을 유지하고, 폴란드의 영토를 재조정하기로 합의하는 등 전후 세계 질서의 기반을 마련했습니다.

테헤란회담은 국제적인 협력이 어떻게 세계의 평화와 안정을 구축하는 데 기여하는지 보여주는 대표적인 사례입니다. 또한 국제사회가 직면한 다양한 문제에 대해 다자간 협의가 얼마나 중요한지를 시사합니다.

오늘의 한마디

역사는 협력을 통해 위기를 극복하고
새로운 질서를 만들어가는 과정을 보여준다.

03

FEBRUARY

우리의 성공은 하나의 대박 아이디어가 아니라, 작은 우위들이 모여서 가능한 것이다.

Our success is due to lots of small edges,
not a single big idea.

짐 사이먼스 Jim Simons

오늘의 한마디

거시경제의 불확실성이 커지고 기술 발전 속도가 빨라지는 현대에는 '하나의 완벽한 계획'보다 끊임없이 작은 우위를 만들어내는 노력이 중요하다. AI, 빅데이터, 자동화와 같은 기술을 활용해 효율성을 높이고, 경쟁사가 놓치는 작은 부분을 개선하며, 지속적으로 시장의 변화에 적응하는 민첩성이 성공의 핵심이다. 한 방을 노리기보다 매일 작은 혁신을 쌓아가는 것이 결국 큰 차이를 만들어낸다.

27

NOVEMBER

추수감사절
미국 증시 휴장일 및 조기 폐장일

'추수감사절(Thanksgiving Day)'은 미국과 캐나다에서 한 해의 수확을 감사하며 기념하는 국경일입니다. 미국에서는 11월 넷째 주 목요일로 지정되어 있습니다. 이날은 가족들이 모여 칠면조를 포함한 전통 음식을 나누며 한 해 동안의 축복에 감사하는 시간을 갖습니다. 추수감사절은 단순히 풍요를 기원하는 것을 넘어, 공동체 구성원들이 모여 서로의 삶에 감사하고, 나눔의 정신을 실천하는 데 의미가 있습니다. 이는 개척 시대의 초기 정착민들이 혹독한 겨울을 이겨낸 후 원주민들과 함께 첫 수확의 기쁨을 나눈 역사적 사건에 뿌리를 두고 있습니다. 추수감사절은 물질적인 풍요뿐만 아니라 가족과 이웃과의 관계, 그리고 삶 자체에 감사하는 마음이 얼마나 중요한지를 보여줍니다.

오늘의 한마디

감사하는 마음은 모든 것을 풍요롭게 만든다.

04

FEBRUARY

10년간 보유할 생각이 없다면
10분도 보유하지 마라.

If you aren't willing to own a stock for ten years,
don't even think about owning it for ten minutes.

워런 버핏 Warren Buffett

오늘의 한마디

단기적인 시장의 등락에 일희일비하기보다, 기업의 본질적 가치와 장기적인 성장 가능성에 집중하라는 의미이다. 단기 시세차익을 노리는 투자 방식은 변동성이 큰 시장에서 실패할 확률이 높다. 미래를 보고 꾸준히 성장할 기업을 찾아내고, 장기적인 관점으로 투자할 때 진정한 성공을 거둘 수 있다.

26
NOVEMBER

브링크스 매트 강도 사건

1983년 11월 26일, 영국 런던 히스로 공항 인근의 브링크스 매트(Brink's-Mat) 창고에서 강도단이 침입했습니다. 이들은 현금을 털려 했지만 우연히 금괴 6,800개와 다이아몬드, 현금을 발견하고 약 2,600만 파운드에 달하는 엄청난 가치를 훔쳐 달아났습니다. 당시 영국 역사상 최대 규모의 강도 사건으로 기록되었습니다. 이 사건은 이후 범인들이 훔친 금괴를 녹여 유통시키는 과정에서 수많은 살인과 부패, 돈세탁 범죄가 연쇄적으로 발생하며 영국 사회에 큰 충격을 주었습니다.

금괴는 금융시장의 한 형태의 자산으로, 이 사건은 금의 희소성과 보안 리스크가 금융 심리에 미칠 수 있는 영향을 시사합니다. 자산 보관에 대한 경각심을 제고하고 보험 및 보안 산업에 영향을 준 사건으로 평가됩니다.

오늘의 한마디

현물이 흔들리면
금융시장에 그림자가 드리운다.

05

FEBRUARY

나는 내가 틀렸다는 것을 알기에 부자가 되었다.

*I'm only rich because
I know when I'm wrong.*

조지 소로스 George Soros

오늘의 한마디

급변하는 경제 상황 속에서 투자 결정이 잘못되었음을 인정하는 것은 결코 쉬운 일이 아니다. 하지만 집착과 고집을 버리고, 시장의 변화를 겸허하게 받아들이는 유연성이 큰 손실을 막고 새로운 기회를 포착하게 한다. 특히 불확실성이 큰 오늘날의 시장에서는 잘못된 판단을 빠르게 인정하고 철회하는 용기가 성공적인 투자로 이어진다.

25
NOVEMBER

연준, 1차 양적 완화 발표

2008년 글로벌 금융 위기로 시장에 유동성이 마르자, 미국 연방준비제도는 최대 6,000억 달러 규모의 주택저당증권(MBS)과 기관 부채를 매입하는 1차 양적 완화(QE1) 프로그램을 발표했습니다. 이는 금융시장에 대규모 자금을 직접 공급하여 신용 경색을 해소하기 위한 비전통적 조치였습니다. 기준금리를 인하하는 전통적인 통화정책의 한계를 넘어, 중앙은행이 직접 장기 채권을 사들여 돈을 푸는 정책의 시작을 알렸습니다. 이는 금융 위기를 극복하기 위한 연준의 강력한 의지를 보여준 역사적인 전환점이었습니다.
대규모 양적 완화는 단기적으로 시장 안정에 기여했으나, 동시에 자산 버블과 인플레이션 가능성에 대한 논쟁을 불러일으키며 향후 금융정책에 대한 숙제를 남겼습니다.

오늘의 한마디

미증유의 위기엔
미증유의 대책이 필요하다.

06

FEBRUARY

군중을 따르지 말고, 신중한 분석과 조사로 자신만의 결정을 내려라.

Don't follow the crowd; make your own informed decisions based on careful analysis and research.

켄 피셔 Ken Fisher

오늘의 한마디

많은 투자자들이 단기적 유행과 인터넷 정보에 따라 움직이지만, 실제 시장은 그 흐름을 이미 반영하고 있는 경우가 많다. 고금리와 인플레이션, 기술 발전으로 변수가 많은 환경에서는 남들의 판단을 그대로 따르는 것이 오히려 위험을 키울 수 있다. 기업 실적, 산업 트렌드를 직접 검토한 뒤 자신만의 논리로 투자 결정을 내리면 차별화된 성과를 낼 가능성이 높아진다. 타인의 목소리를 참고하되, 최종 판단은 스스로 해야 한다.

24
NOVEMBER

미국, 글로벌 금융 위기에 시티그룹 구제 조치

2008년 11월 24일, 미국 정부와 연준, 연방예금보험공사가 공동으로 시티그룹(Citigroup)을 구제하는 대규모 금융 지원 패키지를 발표했습니다. 시티그룹의 3,060억 달러 규모의 부실 자산을 정부가 보증하고 200억 달러의 신규 자본을 투입한 것입니다. 이로 인해 다우존스지수가 이틀 동안 891포인트(약 11.8%) 급등하며 금융시장의 극심한 불안이 다소 완화되었습니다.

시티그룹 구제 조치로 금융시장의 패닉이 완화되면서 다른 대형 은행들에 대한 신뢰도 일시 회복했습니다. 이후 은행의 자본 적성성 강화, 파생 상품 규제 등의 규제가 강화되었습니다.

오늘의 한마디

초대형 금융기관의 위기는
결국 공적 개입 없이 막을 수 없다.

07

FEBRUARY

가치 투자는 짧은 기간엔 약해 보여도 여러 해가 쌓이면 괴력이 된다. 중력처럼 천천히 반대쪽을 무너뜨린다.

Although value is a weak force in any single year,
it becomes a monster over several years.
Like gravity, it slowly wears down the opposition.

제러미 그랜섬 Jeremy Grantham

오늘의 한마디

최근 급등락 장세는 단기 투자자들에게 기회처럼 보이지만 시장은 시간이 흐를수록 기업의 내재 가치로 회귀한다. 금리와 유동성의 방향에 따라 수익은 오락가락하지만, 견고한 현금 흐름과 지속 가능한 경쟁력을 가진 기업은 결국 승리한다. AI 등 혁신 산업도 단기적으로 과열되더라도 장기적 가치가 있는 곳만 살아남는다. 느리게 보이는 '시간'은 가치 투자자의 가장 강력한 무기이다.

23
NOVEMBER

다우존스지수 25년 만에 최고점 경신

1954년 11월 23일, 다우존스 산업평균지수가 1929년 월스트리트 대폭락 이전의 최고치를 약 25년 만에 돌파했습니다. 이 사건은 20세기 중반 미국 경제의 견실한 성장을 상징하는 중요한 지표가 되었습니다. 다우존스 기록 경신은 1929년 대공황 이후 미국 증시가 완전히 회복했음을 알리는 상징적인 순간이었습니다. 전후 호황기에 힘입어 투자자들의 심리가 회복되고, 거대한 경제적 침체의 그림자에서 벗어나 새로운 성장의 시대를 맞이했음을 의미합니다.

다우존스지수의 최고점 경신은 시장의 대폭락 이후에도 장기적으로는 회복하고 성장한다는 것을 보여주었습니다. 이는 투자의 관점에서 단기적인 충격에 흔들리지 않고 장기적인 안목을 가져야 할 필요성을 강조합니다.

오늘의 한마디

위대한 회복은
인내의 시간을 거쳐 완성된다.

08
FEBRUARY

현재 환경은 1999년 닷컴버블과 매우 닮았다.

I feel the environment feels a lot like 1999 ... AI – just map over dot-com.

제프리 건들락 Jeffrey Gundlach

오늘의 한마디

AI와 신기술 투자 열풍은 닷컴버블 때처럼 과도한 기대와 자금 쏠림을 불러오고 있다. 일부 기업은 실질적인 수익 모델이 없는데도 '미래 성장'만으로 높은 평가를 받는다. 그러나 버블의 종착지는 항상 옥석 가리기이다. 거품이 꺼지면 진정한 혁신 기업만 살아남는다. 지금이야말로 단순한 '테마 추격'이 아니라 기업의 실질적 경쟁력과 수익 구조를 면밀히 살펴야 할 때이다.

22

NOVEMBER

케네디 대통령 암살과 증시 반응

1963년 11월 22일, 존 F. 케네디 대통령이 텍사스주 댈러스에서 암살당했습니다. 이 소식이 전해지자 뉴욕증권거래소는 혼란에 빠졌고, 매도 주문이 폭주하며 주가지수가 3% 가까이 급락했습니다. 뉴욕증권거래소는 당일 오후 2시 7분에 장을 조기 마감했습니다. 예측 불가능한 비극적인 사건이 정치적 안정성과 시장 심리에 얼마나 큰 영향을 미칠 수 있는지 보여주는 사례입니다. 당시 시장의 급락은 정치적 불확실성에 대한 투자자들의 공포를 반영했습니다.

하지만 시장은 곧바로 회복세를 보였습니다. 이 사건 이후 첫 거래일인 11월 26일, 다우존스지수는 역사상 최대 상승폭을 기록하며 반등했습니다. 이는 시장이 근본적인 경제 체력에 기반하여 충격을 빠르게 극복할 수 있음을 보여줍니다.

오늘의 한마디

예측 불가능한 충격에도
시장은 결국 제자리를 찾는다.

09

FEBRUARY

매일, 매주 계속해서 돈을 벌 수 있다고 생각하면 안 된다.

Money cannot consistently be made trading every day or every week during the year.

제시 리버모어 Jesse Livermore

오늘의 한마디

고빈도 매매나 단기차익이 유혹처럼 다가오지만 시장은 일정한 리듬을 제공하지 않는다. 특히 변동성이 큰 지금은 오히려 손실 확률이 커질 수 있다. 중요한 것은 꾸준히 수익이 나는 시스템을 만드는 것이 아니라, 기회가 올 때 과감하게 대응하고 아닐 때는 기다리는 태도이다. 잦은 매매는 수수료와 세금, 심리적 소진만 키울 뿐이다. 시장의 리듬에 자신을 맞추기보다는 철저히 선별된 순간을 포착하는 것이 현명하다.

21
NOVEMBER

대한민국, 국제통화기금에 구제금융 신청

1997년 11월 21일, 대한민국 정부는 외환 위기를 극복하기 위해 국제통화기금에 긴급 구제금융을 신청했습니다. 이는 대한민국 역사상 초유의 사태로, 사회 전체에 큰 충격을 주었습니다. IMF 구제금융 신청은 경제적 위기를 넘어 한국 사회의 구조와 가치관에 근본적인 변화를 가져왔습니다. 기업의 구조 조정, 대량 실업 사태, 그리고 '금 모으기 운동'으로 대표되는 국민들의 위기 극복 노력은 대한민국 현대사에 깊은 흔적을 남겼습니다.

대한민국의 구제금융 신청은 외환 위기라는 큰 어려움을 겪으면서도, 국민들이 힘을 모아 위기를 극복했던 경험을 상기시켜줍니다. 또한 경제 위기 극복 과정에서 보여준 국민들의 단결력과 회복 탄력성을 되새기게 하는 역사적 교훈을 제공합니다.

오늘의 한마디

어려움 속에서 빛을 발하는 국민의 단결과 희생은
사회의 가장 큰 자산이다.

10

FEBRUARY

시스템이 복잡할수록 오류의 여지도 커진다.

The more complex the system,
the greater the room for error.

조지 소로스 George Soros

오늘의 한마디

AI 알고리즘, 파생 상품, 글로벌 금융 네트워크는 점점 더 복잡해지고 있다. 그러나 복잡성은 언제나 취약성을 동반한다. 작은 오류나 돌발 변수 하나가 상상 이상의 충격으로 돌아올 수 있다. 따라서 지금의 환경에서는 단순하고 명확한 투자 전략이 강력할 수 있다. 이해할 수 있는 범위 안에서 투자하고, 과도하게 복잡한 구조는 경계하는 것이 리스크 관리의 핵심이다.

20
NOVEMBER

유엔아동권리협약 채택

1989년 11월 20일, 유엔총회에서 유엔아동권리협약이 만장일치로 채택되었습니다. 이 협약은 아동의 생존, 보호, 발달, 참여에 관한 권리를 규정하며 전 세계 모든 아동의 권리를 보장하기 위한 국제적인 약속입니다. 유엔아동권리협약은 아동을 단순한 보호의 대상이 아닌 독립된 인격체로 인정했다는 점에서 큰 의미를 가집니다. 아동 인권의 중요성을 세계적으로 강조하고, 아동의 삶에 영향을 미치는 모든 결정에 아동의 의견을 반영해야 한다는 원칙을 세웠습니다.

유엔아동권리협약은 아동 인권을 위한 국제적 기준이 되어 오늘날에도 전 세계 많은 국가에서 아동 정책의 기초가 되고 있습니다. 또한 아동이 안전하고 행복하게 성장할 수 있도록 사회 전체가 관심을 갖고 노력해야 한다는 점을 상기시켜줍니다.

오늘의 한마디

어린이가 꿈을 꾸고 행복하게 자랄 수 있는
세상은 우리 모두의 책임이다.

11

FEBRUARY

남보다 더 잘할 수 없다면 아예 하지 마라.

If you can't do a thing better than others are doing it, don't do it at all.

필립 피셔 Philip Fisher

오늘의 한마디

경쟁이 치열한 영역에서는 단순히 '참여'하는 것만으로는 의미가 없다. 특히 고금리 시대에 자원과 자본은 한정적이므로 자신만의 차별적 경쟁력이 없으면 생존조차 어렵다. 따라서 모든 분야에 손을 대기보다, 확실히 우위가 있는 영역에 집중해야 한다. 단순히 시장에 머무는 것이 아니라 시장을 능가하는 실력이 있을 때만 투자가치가 발생한다.

19
NOVEMBER

IOSCO, 헤지펀드 포트폴리오 가치 평가 원칙 발표

국제증권감독기구(IOSCO)는 1983년에 설립되었으며, 2007년 11월 19일은 헤지펀드 포트폴리오 가치 평가에 대한 원칙을 발표한 날입니다. 이 원칙은 금융 위기 직전, 복잡한 금융 상품에 대한 투명성을 강화하기 위해 마련되었습니다. 이는 2008년 글로벌 금융 위기 발발 이전에 이미 국제적인 증권 감독 기관들이 금융시장의 위험성에 주목하고 있었음을 보여줍니다. 특히 급성장하던 헤지펀드 시장에 감독의 필요성이 커졌음을 의미합니다.

IOSCO의 발표는 금융시장의 건전성과 투명성을 높이기 위한 국제적인 공조의 중요성을 시사합니다. 또한 시장의 변화에 따라 새로운 위험 요인을 선제적으로 파악하고 규제 표준을 마련하는 것이 얼마나 중요한지 보여주는 사례입니다.

오늘의 한마디

투명성이 금융시장의 신뢰를 만든다.

12

FEBRUARY

모든 것을 의심하라.
아무것도 당연시하지 마라.
직접 경험하고 연구해서 투자 결정을 내려라.

Question everything.
Take nothing for granted. Make decisions based on your personal experience and knowledge.

론 바론 Ron Baron

오늘의 한마디

정보는 넘쳐나지만 진실은 희미한 시대이다. 수많은 뉴스, 전문가의 전망, 보고서조차 편향이나 오류가 섞여 있을 수 있다. 이럴수록 직접 데이터와 기업 보고서를 검증하고, 체험과 분석을 통해 결론을 내려야 한다. 남의 말에 기대는 순간 판단력이 흐려지고 실수를 초래하기 쉽다. 의심하고 확인하는 습관이 장기적으로 살아남는 힘이 될 것이다.

18

NOVEMBER

우정총국, 한국 최초 우표 발행

1884년 11월 18일, 조선의 근대 우편 업무를 담당했던 우정총국에서 우리나라 최초의 우표인 '문위우표'가 발행되었습니다. 이는 근대적인 통신 제도가 도입되었음을 알리는 중요한 사건입니다. 우표의 발행은 단순한 통신수단을 넘어, 국가 주권과 근대화 노력의 상징이었습니다. 당시 조선은 청나라와 일본 등 외세의 압력 속에서도 자주적인 근대국가로 발전하려는 의지를 보여주었습니다. 우표 한 장은 작지만 그 속에 담긴 역사는 매우 큽니다. 우정총국 우표는 변화와 발전을 향한 선조들의 노력을 보여주는 증거이기도 합니다. 또한 빠르게 변화하는 시대 속에서 우리 사회가 어떤 방향으로 나아가야 할지 되새기게 하는 깨달음을 줍니다.

오늘의 한마디

작은 것에서 시작되는
변화의 힘.

13

FEBRUARY

먼저 저축하고, 두 번째로 투자하고, 마지막으로 지출하라.

Save first; invest second; spend last.

JL 콜린스 JL Collins

오늘의 한마디

불확실성이 큰 환경에서 재정적 안정은 그 어느 때보다 중요하다. 저축은 단순히 돈을 모으는 것이 아니라 위기 상황에서 생존할 수 있는 버퍼이다. 저축이 뒷받침될 때 보다 여유롭고 냉정한 판단으로 투자에 접근할 수 있다. 반대로 소비를 우선시하면 기회가 와도 대응할 여력이 사라진다. 저축 → 투자 → 소비의 순서를 지키는 것이 장기적 부의 바탕이다.

17
NOVEMBER

아테네 공대 봉기 사건

1973년 11월 17일, 그리스 아테네 공과대 학생들이 군부독재에 맞서 민주주의를 요구하며 봉기했습니다. 학생들은 교내에 바리케이드를 치고 시위를 벌였고, 이에 군사정권은 탱크를 동원해 교문을 부수고 진압 작전을 펼쳐 수많은 사상자가 발생했습니다. 이 봉기는 그리스 군사정권의 폭력성을 전 세계에 알리고 반정부 시위의 불씨를 되살리는 결정적인 계기가 되었습니다. 비록 군사정권에 의해 강제로 진압되었지만, 독재정권의 정당성을 크게 훼손하고 민주화 운동의 분수령이 되었습니다.

아테네 공대 봉기 사건은 군부독재를 종식시키고 민주주의를 회복시키는 데 중요한 역할을 했습니다. 또한 자유와 민주주의가 폭압적인 권력에 맞서는 시민들의 용기와 희생을 통해 얻어진다는 교훈을 남겼습니다.

오늘의 한마디

자유의 깃발이
곧 경제의 방향을 제시한다.

14

FEBRUARY

장기적으로 투자하라.
너무 탐내지도, 너무 두려워하지도 마라.

Invest for the long haul.
Don't get too greedy and don't get too scared.

셸비 컬룸 데이비스 Shelby Cullom Davis

오늘의 한마디

탐욕은 버블에 노출되게 하고, 공포는 기회를 잃게 만든다. 장기적 관점을 유지하는 것은 단순한 인내심이 아니라, 불필요한 감정의 개입을 줄이는 전략이다. 시간이 지남에 따라 일시적 충격은 평균으로 흡수되고, 결국 기업의 본질적 성장성이 수익을 결정짓는다. 과도한 감정의 진동을 피하고 한 걸음 떨어져 장기 흐름을 보는 태도가 필요하다.

16 NOVEMBER

유네스코 창립

제2차 세계대전이 끝난 직후인 1945년 11월 16일, 세계 37개국이 모여 평화와 안보를 증진하기 위해 교육, 과학, 문화 분야의 국제적 협력을 도모하는 '유네스코(UNESCO)'를 창설했습니다. 유네스코는 교육을 통한 상호 이해 증진, 과학 기술 공유, 문화적 다양성 존중을 통해 평화의 방벽을 구축하는 것을 목표로 삼았습니다. 이는 단순한 군사적·정치적 평화를 넘어 인류의 지적·도덕적 연대를 통한 지속 가능한 평화를 추구하는 새로운 시도였습니다.

유네스코 창립은 국제사회가 전쟁의 폐허 속에서 인류의 보편적 가치를 회복하고, 평화의 가치를 문화적으로 확산시키려는 노력이 시작되었음을 의미합니다. 유네스코의 활동은 오늘날까지도 인류의 문화유산 보존과 교육 지원 등 다양한 분야에서 중요한 역할을 하고 있습니다.

오늘의 한마디

평화는 인간의 마음에서
만들어진다.

15

FEBRUARY

위대한 투자 아이디어는 드물다. 확률이 확실하게 내 편일 때 과감하게 베팅하라.

Great investment ideas are rare.
When the odds are greatly in your favor, bet big.

론 바론 Ron Baron

오늘의 한마디

대부분의 시간에는 신중함이 미덕이지만, 가끔 시장은 확실하게 기울어진 기회를 제공하기도 한다. 이런 순간에는 작은 참여로 충분한 보상을 얻기 어렵다. 분명히 유리할 때 강하게 베팅해야 장기적으로 전체 성과에 의미 있는 차이를 만들 수 있다. 대신, 모든 상황에서 큰 베팅을 반복하는 것은 위험하다. 진짜 기회일 때만 과감해야 한다.

15
NOVEMBER

포항 지진으로 수능 연기

2017년 11월 15일, 경상북도 포항시에서 규모 5.4의 지진이 발생했습니다. 이 지진은 당시 국내에서 발생한 지진 중 두 번째로 강한 규모였으며, 막대한 재산 피해와 인명 피해를 낳았습니다. 이 지진은 단순히 자연재해로 끝나지 않고 다음 날 치러질 예정이었던 대학수학능력시험이 일주일 연기되는 초유의 사태를 초래했습니다. 이로 인해 수험생과 학부모, 교육계에 큰 혼란을 가져왔으며 국가적 재난 대응 시스템에 대한 논의를 촉발하는 계기가 되었습니다.

포항 지진은 예측 불가능한 재난에 대비한 국가적 시스템의 중요성을 강조합니다. 또한 안전에 대한 경각심을 높이고, 재난 발생 시 신속하고 체계적인 대응책을 마련하는 것이 얼마나 중요한지 보여줍니다.

오늘의 한마디

예기치 않은 순간의 위기는
더 큰 대비와 협력을 요구한다.

16

FEBRUARY

너무 많은 바구니에 달걀을 나누려다 잘 아는 회사에는 너무 적게, 모르는 회사에는 너무 많이 투자하는 경우가 생긴다.

Investors have been so oversold on diversification that fear of having too many eggs in one basket has caused them to put far too little into companies they thoroughly know and far too much in others which they know nothing about.

필립 피셔 Philip Fisher

오늘의 한마디

분산투자는 리스크를 줄이는 핵심 원칙으로 알려져 있지만, 무분별한 분산은 오히려 수익률을 약화시킨다. 특히 ETF와 여러 펀드에 무작정 나눠 담으면 내가 잘 아는 기업에는 소액만 들어가고, 모르는 분야에 과도한 비중이 실릴 수 있다. 금리와 인플레이션 같은 외부 변수 속에서도 결국 성과를 내는 것은 확실히 이해하고 자신 있는 자산이다. '아는 기업'에 집중하고, 모르거나 불확실한 영역은 피하는 편이 현명하다. 분산보다는 '선택'과 '집중'을 의식적으로 실행해야 할 때이다.

14

NOVEMBER

G20 워싱턴 정상회의 개최

2008년 글로벌 금융 위기 해결을 위해 주요 20개국(G20) 정상들이 미국 워싱턴에 모여 정상회의를 개최했습니다. 선진국과 신흥국이 함께 금융 위기의 원인을 분석하고 국제적 공조 방안을 논의했습니다. 기존 선진국 중심의 G7 체제에서 벗어나 신흥국이 포함된 G20가 새로운 글로벌 경제협력의 최상위 포럼으로 자리매김한 역사적 사건입니다. 이를 통해 전 세계 경제 질서의 변화를 알리는 중요한 계기가 되었습니다.

워싱턴 정상회의는 금융 위기와 같은 전 지구적 문제는 한 국가만의 노력으로는 해결할 수 없으며, 국제적인 협력과 공조가 필수적임을 보여주었습니다. 또한 자유무역과 투자 장벽을 만들지 않겠다는 합의를 통해 보호무역주의 확산을 막는 데 기여했습니다.

오늘의 한마디

위기 극복을 위한
국제 공조의 시작.

17

FEBRUARY

자산에 대한 감상은 투자에서 규율을 잃게 만든다.

Sentimentality about an asset leads to a lack of discipline.

샘 젤 Sam Zell

오늘의 한마디

장기간 보유한 주식이나 부동산에 애착을 느끼는 것은 자연스러운 일이다. 하지만 경제 환경은 빠르게 변하고, 한때의 성공적인 자산이 영원히 좋은 선택이 되지는 않는다. 고금리와 산업구조의 변화 속에서 감정적 애착은 과거의 성과에 집착하게 만들 뿐이다. 냉정한 데이터와 현실 분석을 기반으로 의사 결정을 내려야 손실을 피할 수 있다. 투자는 애정이 아니라 규율로 지켜야 한다.

13

NOVEMBER

대공황 중 증시 바닥 확인

1929년 10월, 월스트리트 대폭락 이후 주식시장의 폭락세가 계속되었습니다. 다우존스지수는 11월 13일에 최저점인 198.69포인트까지 하락하며, 대공황 초기의 증시 바닥을 확인했습니다. 이는 투자자들에게 극심한 공포를 안겨주었지만, 이후 반등의 계기가 마련되기도 했습니다. 주가 하락은 대공황의 심각성을 다시 한번 보여주는 동시에, 이후 주식시장의 흐름을 이해하는 중요한 기준점이 되었습니다.

주식시장의 바닥은 단기간에 형성되지 않으며, 공황과 같은 거대한 경제 위기 속에서 투자자들의 심리가 얼마나 중요한지 보여줍니다. 또한 한 번의 급락이 아닌 장기간의 하락 추세를 이해하는 것이 중요함을 시사합니다.

오늘의 한마디

역사는 반복되지 않지만
패턴은 항상 교훈을 남긴다.

18

FEBRUARY

돈을 버는 최고의 방법은 잃지 않는 것이다.

The best way to make money is
to not lose money.

빌 애크먼 Bill Ackman

오늘의 한마디

단기적으로 고수익을 쫓다 보면 큰 손실을 입는 경우가 많다. 방어적인 자산 배분, 현금 보유력, 철저한 리스크 관리가 먼저이다. 손실을 줄이는 것만으로도 복리 효과는 강력하게 작동하며, 장기적으로 부를 축적할 수 있다. 이익보다 손실을 줄이는 데 집중하는 태도가 승부를 가른다.

12

NOVEMBER

이마트, 국내 최초 대형 할인점 개점

1993년 11월 12일, 신세계 이마트 1호점이 서울 창동에 문을 열었습니다. 이는 국내 최초의 대형 할인마트로, 유통시장에 큰 전환점을 만들었습니다. 기존 재래시장 중심의 소비구조에서 벗어나 저렴한 가격과 대량 구매를 앞세운 신개념 유통 모델이 등장했습니다.

유통의 혁신은 소비문화를 바꾸는 힘이 있습니다. 이마트의 등장은 새로운 유통 채널이 산업구조 자체를 재편할 수 있다는 점을 보여주었습니다.

오늘의 한마디

한 점포의 개점이
유통의 시대를 바꾸다.

19

FEBRUARY

자신이 이해하지 못하는 기업에는 투자하지 마라.

Never invest in any idea
you can't illustrate with a crayon.

피터 린치 Peter Lynch

오늘의 한마디

기술 산업과 복잡한 금융 상품이 늘어나면서 실제로 어떤 회사인지조차 모르는 상태에서 투자하는 경우가 많다. 그러나 내가 이해하지 못하는 기업은 위기 상황에서 어떤 리스크가 드러날지 알 수 없다. AI, 블록체인 같은 혁신 산업도 본질을 파악하지 못하면 단순 투기와 다를 바 없다. 제대로 설명할 수 없으면 투자하지 않는다는 원칙은 지금도 유효하다. 명확히 이해 가능한 기업만이 위기에도 버틸 힘을 준다.

11

NOVEMBER

제1차 세계대전 정전 발표

1918년 11월 11일 오전 5시(현지 기준), 연합국과 독일이 컴피에뉴에서 정전협정을 체결하여 같은 날 오전 11시부터 전선 전체에서 총격이 중단되었습니다. 이로 인해 제1차 세계대전이 공식적으로 종료되었습니다. 전쟁이 끝난 직후, 유럽과 미국은 대규모 복구와 재건 국면에 돌입했습니다. 독일의 경제 파탄과 하이퍼인플레이션, 중동·유럽 전후 체제 붕괴, 그리고 신흥 국가의 부상이 시작된 순간이었습니다.

정전은 단순한 군사적 종식이 아니라 경제의 전환점이었습니다. 전시 산업에서 민간 중심 경제로 전환하는 과정에서 구조 개혁과 국제 협력, 그리고 통화안정과 복지 정책의 중요성이 부각되었으며, 이는 현대 글로벌 경제체제의 기초를 다졌습니다.

오늘의 한마디

전쟁이 끝났다고 평화가 찾아오는 건 아니다.
경제가 회복될 때 비로소 삶도 회복된다.

20
FEBRUARY

이웃이 부자가 되어가는 모습을 볼 때 자신의 재정 판단이 가장 흔들린다.

Nothing so undermines your financial judgement as the sight of your neighbour getting rich.

J.P. 모건 J.P. Morgan

오늘의 한마디

주변 사람들이 부동산이나 특정 종목으로 큰돈을 벌었다는 이야기는 강한 유혹을 만든다. 그러나 뒤늦게 가세하면 이미 거품의 막바지일 가능성이 크다. '포모 현상(FOMO; Fear Of Missing Out)'으로 투자 판단이 흔들리기 쉽지만 남의 속도가 곧 나의 성공을 보장하지 않는다는 사실을 잊지 말아야 한다. 부러움이 아닌 냉정한 기준이 재무 건전성을 지킨다.

10
NOVEMBER

중국, 세계무역기구 정식 가입

2001년 11월 10일, 중국이 세계무역기구(WTO)에 가입하면서 국제무역 및 경제 질서에 공식적으로 편입되었습니다. 이는 글로벌 무역시장의 대전환점이었습니다. 수출 주도형 경제 전략을 국가 체제로 채택한 중국은 국제무역과 외국인 직접투자를 급속히 유치하며 세계시장의 중심축으로 부상했습니다.

중국의 WTO 가입은 국제무역 규범에 동참하는 국가가 경제 발전의 주체가 될 수 있다는 점을 시사했습니다. 또한 자유무역과 다자간 협력의 기반하에 글로벌 공급망 형성과 산업 성장이 가능함을 입증했습니다.

오늘의 한마디

문을 열기 전에는 수출이 없듯,
협력 없이는 경쟁도 없다.

21

FEBRUARY

기업 이익이야말로 주가에 가장 결정적으로 작용하는 요소다.

Earnings are the single most important factor in stock prices.

윌리엄 오닐 William O'Neil

오늘의 한마디

단기적으로는 뉴스와 이벤트에 주가가 좌우되지만, 기업의 실적과 이익이 장기적 성과를 결정한다. 경기 둔화와 금리 부담 속에서도 안정적 이익을 내는 기업은 시간에 따른 시장평가를 받는다. 반대로 화제성과 기대감만으로 오르는 기업은 실적 부족으로 결국 제자리로 돌아온다. 불확실성이 큰 환경에서는 '실적 검증'이 가장 강력한 방어선이자 성장 기반이다.

09
NOVEMBER

베를린장벽 붕괴 발표

1989년 11월 9일, 독일 동베를린 정부가 국민의 서독 방문을 허용한다고 공식 발표했습니다. 이로 인해 베를린장벽이 사실상 붕괴되었습니다. 독일 국민들은 장벽을 넘어 자유 이동을 시작했고, 이 장면은 전 세계에 큰 반향을 일으켰습니다. 냉전의 상징이었던 장벽이 무너지며 동서독 통일의 서막이 열렸고, 이는 공산권의 해체와 경제 개방의 물꼬가 되었습니다.

베를린장벽의 붕괴는 정치체제의 변화가 곧 경제통합과 시장 확장의 기회임을 보여줍니다. 통일 독일은 단일 경제권 형성으로 EU 내부 무역 자유화와 자본 이동 증가를 이끌었고, 글로벌 자산 시장과 투자 흐름에도 영향을 주었습니다

오늘의 한마디

장벽은 신뢰 있는
정책으로만 무너질 수 있다.

22

FEBRUARY

시장은 단기적으로 보면 투표 기계와 같지만 장기적으로 보면 체중계와 같다.

In the short run the market is a voting machine but in the long run it is a weighing machine.

벤저민 그레이엄 Benjamin Graham

오늘의 한마디

단기적으로 시장은 군중 심리와 유행에 따라 변동하지만, 시간이 흐를수록 기업의 본질적 가치가 무게로 드러난다. AI 열풍도 당장의 투표는 받지만 장기적으로는 수익 구조와 경쟁력이 무겁게 작용할 것이다. 인내심 있는 투자자는 체중계의 심판을 기다린다. 단기 인기보다 장기 가치에 집중할수록 확실한 보상이 뒤따른다.

08
NOVEMBER

'LightOn' 상장 발표

2024년 11월 8일, 프랑스 AI 기업 'LightOn'이 파리증권거래소(Euronext Growth Paris) 상장 계획을 공식 발표했습니다. 이 발표는 유럽 최초로 생성형 인공지능(GenAI) 분야의 순수 스타트업이 IPO에 나선 사례로 기록되며 전 세계의 이목을 집중시켰습니다. 이는 유럽 AI 산업에 활력을 불어넣고, 역내 AI 기술 기업들이 상장을 통해 성장의 기회를 모색하는 이정표가 되었습니다.

생성형 인공지능 스타트업의 상장 발표는 정부의 정책적 지원과 기술혁신이 결합되면, 유럽도 글로벌 AI 경쟁에서 주도적인 역할을 할 수 있음을 보여줍니다. 또한 자금 조달에 어려움을 겪는 AI 스타트업들에게 새로운 자금 조달 통로를 제시했다는 점에서 중요한 시사점을 남겼습니다.

오늘의 한마디

혁신은 경계를 허물고 새로운 기회를 만든다.

23

FEBRUARY

변화에 적응하지 못하는 자는 변화에 휩쓸릴 뿐이다. 변화를 인식하고 스스로 변화하는 자만이 이익을 얻는다.

Those who cannot adjust to change will be swept aside by it. Those who recognize change and react accordingly will benefit.

짐 로저스 Jim Rogers

오늘의 한마디

기술 변화, 기후 위기, 인구구조의 변화는 단순한 트렌드가 아니라 시장의 패러다임 자체를 바꾸고 있다. 이런 변화를 외면하는 투자자는 결국 경쟁에서 밀려난다. 하지만 변화를 읽고 앞서 대응하면 큰 기회를 얻을 수 있다. 변화를 두려워하기보다는 적극적으로 흡수하는 태도가 생존을 넘어 성장을 가능하게 한다.

07

NOVEMBER

트위터 상장

2013년 11월 7일, 소셜 미디어 기업인 '트위터(현 X)'가 뉴욕 증권 거래소에 'TWTR'이라는 티커로 상장되었습니다. 공모가는 주당 26달러였으나, 상장 첫날 주가는 73% 급등한 44.90달러로 마감하며 뜨거운 시장의 관심을 받았습니다. 트위터의 상장은 2012년 페이스북 상장 이후 가장 큰 규모의 소셜 미디어 기업 공개(IPO)였습니다. 이는 소셜 네트워크 서비스(SNS)가 단순한 소통 플랫폼을 넘어, 거대한 시장가치를 지닌 주요 산업으로 성장했음을 의미합니다.

상장 초반 투자자들의 높은 기대와는 달리, 트위터는 이후 사용자 증가세 둔화와 수익성 악화 문제에 직면하며 주가가 하락하는 등 어려움을 겪었습니다. 트위터 상장은 소셜 미디어 기업의 가치가 단순히 사용자 수뿐만 아니라, 지속 가능한 수익 모델과 성장 잠재력에 달려 있음을 보여주는 사례입니다.

오늘의 한마디

혁신은 기대감을 낳지만,
지속 가능한 성장이 가치를 만든다.

24

FEBRUARY

우리가 남들보다 더 똑똑할 필요는 없다. 남들보다 규율을 잘 지키면 된다.

We don't have to be smarter than the rest.
We have to be more disciplined than the rest.

워런 버핏 Warren Buffett

오늘의 한마디

탁월한 예측력보다 안정적인 원칙과 규율이 투자를 성공으로 이끈다. 오늘날처럼 정보가 넘쳐나는 환경에서 똑똑함은 쉽게 상쇄되지만, 끈기와 규율은 모방하기 어렵다. 정해둔 투자 원칙을 지키고, 감정에 휘둘리지 않으며, 긴 호흡으로 기다리는 사람만이 변동성을 돌파할 수 있다. 뛰어난 지식보다 일관된 규율이 장기 성과의 주요 요인이다.

06

NOVEMBER

NASA, 화성 탐사선 '스피릿' 발사

2003년 11월 6일, 미국 항공우주국(NASA)은 화성 탐사선 스피릿을 발사하며 우주 탐사의 새 지평을 열었습니다. 이 프로젝트는 막대한 예산이 투입된 과학적 도전이었지만, 과학적 성과를 넘어서 경제적 가치로서 큰 의미를 갖습니다. 탐사에 필요한 로봇 공학, 신소재, 통신 기술 등 첨단 기술들은 민간 산업으로 이전(스핀오프)되어 새로운 시장을 형성하고 수많은 일자리를 창출했습니다.

나사의 탐사선 발사는 국가 경쟁력 강화로 이어지며 선순환 구조를 만들어냈다는 점에서 정부의 장기적인 과학 투자가 미래 경제의 성장 동력이 된다는 시사점을 남겼습니다.

오늘의 한마디

우주를 향한 투자는 결국 미래 경제의
성장 동력으로 돌아온다.

25

FEBRUARY

위험은 내가 무엇을 하고 있는지 모를 때 생긴다.

Risk comes from not knowing what you're doing.

워런 버핏 Warren Buffett

오늘의 한마디

최신 트렌드에 올라탄 투자자가 실제로 무엇에 투자하고 있는지 모르고 있다면 그 자체가 가장 큰 위험이다. 복잡한 파생 상품, 기술 기업, 가상 자산도 원리를 이해하지 못한 상태에서는 단순 추측일 뿐이다. 정보를 접하기는 쉽지만 진짜 이해는 훨씬 어려운 시대이다. 자신이 이해하는 것에만 투자하고, 모르는 것은 과감히 거르는 과정이 리스크를 줄인다. 위험은 시장이 아니라 무지에서 발생한다.

05

NOVEMBER

페트로차이나, 상하이 증시 상장

2007년 11월 5일, 중국의 국유 에너지 기업인 '페트로차이나(PetroChina)'가 상하이 증시에 상장했습니다. 상장 첫날 주가가 160% 폭등하면서, 시가총액이 1조 달러를 돌파해 세계 최초 '천조 원 기업'이 되었습니다. 페트로차이나의 상장은 중국 경제의 폭발적인 성장과 막대한 자본시장의 잠재력을 전 세계에 알리는 상징적인 사건이었습니다. 이는 중국 기업이 글로벌 금융시장에서 차지하는 위상이 크게 높아졌음을 의미합니다.

이 사건은 거대한 시장의 기대와 투기적 열기가 결합될 때 발생하는 '거품'의 위험성을 경고하는 교훈을 남겼습니다. 페트로차이나의 주가는 상장 직후 최고점을 찍은 뒤 장기간 하락하여, 거품 붕괴의 대표적인 사례로 회자됩니다.

오늘의 한마디

역사적 고점의 순간은
종종 가장 큰 하락의 서막이 된다.

26

FEBRUARY

경영진을 직접 만나 눈을 보고 신뢰할 만한지 판단해야 한다.

You have to talk to company management, look into their eyes, and determine whether they are reliable.

마크 모비우스 Mark Mobius

오늘의 한마디

투자에서 수치와 자료만 보는 것은 절반에 불과하다. 기업의 미래는 결국 사람이 만들기 때문에 경영진의 진정성과 신뢰도는 실적만큼이나 중요하다. 불확실성이 큰 시대에는 위기를 어떻게 해석하고 대응하는지가 기업 운명을 좌우한다. 화려한 PPT와 비전보다 중요한 것은 시장 변화를 직시하는 눈과 실행력이다. 진정한 실력과 신뢰를 구분해내는 안목이 필요하다.

04

NOVEMBER

중국의 통화개혁

1935년 11월 4일, 중화민국 국민정부는 은본위제를 폐지하고 '법폐(法幣)'를 발행하는 통화개혁을 단행했습니다. 이는 당시 전 세계적인 대공황과 미국의 은 매입 정책으로 인해 은이 해외로 대량 유출되면서 심각한 경제 위기를 겪었기 때문입니다. 이 개혁은 중국 역사상 최초로 근대적인 관리통화제도를 도입한 중요한 사건입니다. 이를 통해 중국 정부는 통화 발행권을 장악하고, 통화가치를 안정시키려 노력했습니다.

비록 이후 중일 전쟁과 국공 내전으로 인해 법폐의 가치가 급락하는 결과를 낳았지만, 외부 충격에 취약했던 은본위제에서 벗어나 국가 주도의 경제 시스템으로 전환하려 했다는 점에서 큰 의미를 갖습니다. 이는 통화정책의 독립성이 국가 경제 안정에 얼마나 중요한지 보여주는 역사적 사례입니다.

오늘의 한마디

통화의 주권은 국가의 주권이다.

27

FEBRUARY

두려움이 아니라 사실에 집중하라.

Focus on facts, not fear.

브루스 버코위츠 Bruce Berkowitz

오늘의 한마디

금융시장은 언제나 불안 요소로 가득하다. 지정학적 갈등, 경기 둔화 같은 뉴스가 공포를 증폭시키지만, 실제 기업 가치와 수익 구조를 보면 해답은 냉정하게 드러난다. 두려움에 흔들리면 좋은 자산을 저평가된 가격에 놓치거나 불필요하게 매도하게 된다. '사실 기반 데이터'에 집중하는 훈련이 중요하다. 두려움은 소음을 만들고, 팩트는 기회를 만든다.

03

NOVEMBER

다우존스, 뉴욕 증시 고점

1919년 11월 3일, 다우존스 산업평균지수가 119.62포인트를 기록하면서 제1차 세계대전 이후 회복세를 타고 고점을 찍었습니다. 하지만 2년에 걸쳐 약 46%까지 하락하며 심각한 경기 침체가 시작되었습니다. 이는 전쟁 특수 종료로 유럽이 생산을 회복하고, 연준이 인플레이션 억제를 위해 긴축적인 통화정책을 시도한 결과입니다.

다우존스가 고점을 찍고 추락한 사건은 전쟁 호황이 끝나고 긴축 정책으로 인한 대침체의 전조였으며, 경기 전환기에 증시가 민감하게 반응하며 투자자들에게 '주가 상승은 영원하지 않다'는 교훈을 남겼습니다.

오늘의 한마디

경제 회복에는 시간이 걸리지만, 결국
위기를 극복한 뒤 새로운 도약이 찾아온다.

28
FEBRUARY

강세장은 비관주의 속에서 태어나고, 회의주의 속에서 자라고, 낙관주의 속에서 성숙하며, 행복감 속에서 죽는다.

Bull markets are born on pessimism,
grow on skepticism, mature on optimism,
and die on euphoria.

존 템플턴 John Templeton

오늘의 한마디

시장 사이클은 언제나 인간 심리로부터 시작한다. 비관론이 극심할 때가 최고의 매수 기회일 수 있고, 반대로 모두가 낙관에 취한 순간은 거품의 정점일 가능성이 크다. 지금의 AI 열풍이 어느 단계에 있는지 냉정히 돌아보아야 한다. 군중 감정과 결별하고, 사이클의 본질을 읽을 수 있는 사람만이 앞서 나간다. 투자의 지혜는 심리 곡선을 인식하는 데서 나온다.

02

NOVEMBER

BBC, 정규 텔레비전 방송 시작

1936년 11월 2일, 영국 BBC는 런던 알렉산드라 궁전(Alexandra Palace)에서 세계 최초로 정규 고화질 텔레비전 방송을 시작했습니다. 이 방송은 당시 두 개의 경쟁 기술(베어드 시스템과 마르코니-EMI 시스템)을 번갈아 가며 송출하는 방식으로 이루어졌습니다. 이는 텔레비전이 단순한 실험 단계를 넘어 대중에게 정기적인 프로그램으로 다가가는 새로운 시대를 열었습니다. 초기 텔레비전 방송은 소수의 부유층만 접근할 수 있었지만, BBC와 같은 공영방송 덕분에 점차 대중적인 매체로 자리 잡을 수 있었습니다.

오늘의 한마디

작은 화면이 세상을 연결하는
거대한 창문이 되다.

365 Days of Economics

3

MARCH

01

NOVEMBER

유럽연합, 마스트리흐트 조약 발효

1993년 11월 1일, 마스트리흐트 조약이 발효되면서 유럽연합이 공식 출범하였습니다. 이는 유럽의 정치적·경제적 통합을 위한 중대한 전환점이었습니다. 조약 발효로 유럽 내 단일 통화(유로)와 공동 외교, 안보 정책 체계 구축이 본격화되었습니다. 이는 무역, 자본 이동, 정책 협력을 강화하는 글로벌 통합 경제의 새로운 출발점이었습니다.

국가 간 경제·정치적 협력이 세계 흐름을 바꿀 수 있음을 보여준 마스트리흐트 조약은 단일 시장과 통화정책 조율을 통해 경제 규모와 경쟁력을 확대할 수 있다는 점에서, 지역 경제권 모델의 중요성을 확인시켜줍니다.

오늘의 한마디

통합은 선택이 아닌 경쟁력을 위한 전략이다.

01

MARCH

이병철, 오늘날 삼성그룹의 뿌리인 삼성상회 창업

1938년 3월 1일, 이병철 창업주가 대구에서 삼성상회를 창립했습니다. 이는 청과물 및 건어물 수출업으로 시작해 오늘날 세계적인 초일류 기업인 삼성그룹의 기틀이 된 역사적인 사건입니다. 또한 한국의 격동적인 근현대사 속에서 민족 자본을 육성하고 제조업 및 첨단 산업으로 끊임없이 혁신하며 국가 경제 발전에 지대한 공헌을 한 원동력이 되었습니다.

삼성상회 창업은 한 명의 기업인의 장기적인 비전과 도전 정신이 한 국가의 산업 지형을 어떻게 바꿀 수 있는지 보여줍니다.

오늘의 한마디

거대한 성공은 단지 하나의 아이디어에서 시작해
끊임없는 혁신을 통해 이루어진다.

365 Days of Economics

11

NOVEMBER

02

MARCH

미국 대공황 시작

1933년 3월, 루스벨트 대통령이 취임 직후 미국 전역에 '은행 휴업(Bank Holiday)'을 선언했습니다. 대공황으로 인한 대규모 뱅크런(예금 인출 사태)으로 금융 시스템이 붕괴 직전이었기 때문입니다. 이어서 '긴급 은행 구제법(Emergency Banking Act)'을 통과시켜 재정적으로 건전한 은행만 영업을 재개하도록 했습니다. 이러한 조치는 은행 시스템에 대한 신뢰를 회복시키는 데 결정적인 역할을 했습니다. 대통령이 직접 은행을 검사하고 안전을 보장함으로써, 공포에 질렸던 예금자들이 다시 은행에 돈을 맡기기 시작했습니다. 정부의 강력하고 신속한 개입이 금융 위기를 극복하는 데 얼마나 중요한지 보여주는 대표적인 사례입니다. 위기 상황에서 리더의 역할과 국민의 신뢰 회복이 경제 안정에 필수적임을 강조합니다.

오늘의 한마디

두려워해야 할 것은 두려움 그 자체다.

31

OCTOBER

역사는 위험한 시대에 항해를 위한 지침이다.

History is a guide to
navigation in perilous times.

찰리 멍거 Charlie Munger

오늘의 한마디

인플레이션, 금융 위기, 전쟁 등 역사는 반복해서 투자자에게 교훈을 준다. 특히 지금처럼 불안정한 시기에는 과거의 위기와 대응책을 돌아보는 것이 나침반 역할을 한다. 새로운 문제처럼 보이지만 본질은 크게 다르지 않다. 과거의 흔적은 현재의 지도가 될 수 있다.

03

MARCH

대한증권거래소 출범

1956년 3월 3일, 대한민국 최초의 현대 주식시장인 대한증권거래소가 출범했습니다. 이로써 우리나라의 자본주의 시장경제가 본격적으로 시작되었습니다. 대한증권거래소는 국가 경제 발전의 핵심 기반인 자본시장을 형성하는 중요한 역할을 했습니다. 기업들이 자금을 조달하고, 투자자들이 주식 거래를 통해 자산을 형성할 수 있는 공식적인 장을 마련했습니다.

대한증권거래소의 출범은 국가 경제의 근간을 이루는 금융 시스템의 역사적 출발점을 보여줍니다. 오늘날의 코스피, 코스닥 시장으로 이어지는 자본시장의 토대를 마련했다는 점에서 큰 의미를 가집니다.

오늘의 한마디

경제성장의 동력은 활발한 자본시장에서 비롯된다.

30

OCTOBER

자신이 모르는 것이 무엇인지 아는 것이 뛰어난 머리를 가진 것보다 유용하다.

Knowing what you don't know is more useful than being brilliant.

찰리 멍거 Charlie Munger

오늘의 한마디

모든 답을 아는 척하는 것은 투자에서 가장 위험한 태도이다. 뛰어난 지성보다 중요한 건 자신의 무지를 인식하는 겸손이다. 모르는 분야를 억지로 건드리는 대신, 아는 영역에 집중하는 것이 진짜 지혜이다. 모른다고 인정하는 순간 위험은 줄어들 것이다.

04

MARCH

링컨, 미국 16대 대통령 취임

1861년 3월 4일, 미국 남북전쟁 발발 직전의 위기 상황에서 에이브러햄 링컨(Abraham Lincoln)이 제16대 대통령으로 취임했습니다. 그의 취임은 노예제도 확장을 반대하는 북부와 이를 옹호하는 남부 간의 갈등이 극에 달한 시점에 이루어졌습니다. 링컨 대통령은 노예제도를 폐지하고 미국을 통합하겠다는 강력한 의지를 보여주었습니다. 그는 취임 연설에서 "절반은 노예 상태이고, 절반은 자유로운 상태로 한 나라가 영원히 지속될 수는 없다"라고 말하며, 남북 통합과 자유를 강조했습니다.

링컨 대통령의 리더십은 분열된 사회를 통합하고, 정의로운 가치를 향해 나아가는 용기를 보여줍니다. 또한 어려운 시기에 강력한 리더십이 어떻게 국가의 위기를 극복하고 미래를 만들어가는지 강조하는 교훈을 줍니다.

오늘의 한마디

진정한 리더의 힘은 가장 어두운 시기에
희망을 이야기하는 데서 나온다.

29

OCTOBER

흐름을 거스르려고 하지 마라.

Don't try to buck the trend.

켄 피셔 Ken Fisher

오늘의 한마디

시장이 만들어내는 큰 흐름 앞에서는 개인의 고집이 무력해진다. 금리·유동성 사이클이 작동하는 시기에는 이 흐름을 거스르는 전략이 위험을 더 키울 수 있으며, 오히려 흐름을 인정하고 그 방향을 활용해야 성과를 낼 수 있다. 멀리 보려면 시장과 싸우지 말고 동행해야 한다.

05

MARCH

영국 파운드화 가치 하락

1976년 3월 5일, 영국의 파운드화 가치가 미국 달러에 비해 크게 하락했습니다. 당시 영국은 높은 인플레이션과 국제수지 적자, 정부 재정 적자 등 여러 경제적 어려움을 겪고 있었습니다. 이러한 불안정성은 투자자들의 신뢰를 떨어뜨렸고, 파운드화는 지속적으로 약세를 보였습니다. 영국 정부가 파운드화 가치 방어를 위해 국제통화기금으로부터 대규모 구제금융을 요청하면서, 과거 '해가 지지 않는 나라'로 불렸던 영국의 국력이 약화되었음을 상징하는 사건으로 평가받습니다.

통화 가치의 하락은 단순히 경제적 문제를 넘어 국가의 신뢰도와 대외적 위상에 큰 영향을 미칩니다. 국가의 통화 가치는 국내외의 복합적인 경제 상황과 정책에 의해 결정되므로, 안정적인 경제정책이 무엇보다 중요합니다.

오늘의 한마디

강한 경제는
강한 통화로부터 시작된다.

28

OCTOBER

나 자신을 망치지 않을 수준까지, 내가 감당할 수 있는 손실 이상으로는 결코 투자하지 않는다.

I decided never again to risk more money than I could afford to lose without ruining myself.

니콜라스 다바스 Nicolas Darvas

오늘의 한마디

투자에서 가장 위험한 순간은 '올인'할 때이다. 예측 불가능한 시장에서는 누구도 완벽히 안전하지 않다. 감당할 수 있는 범위 안에서만 투자해야 장기적으로 생존할 수 있다. 위험 관리 없는 투자는 한순간에 모든 것을 무너뜨릴 수 있음을 명심해야 한다.

06
MARCH

국제 실업자의 날 시위

1930년 3월 6일, 공산당 주도로 전 세계 여러 도시에서 '국제 실업자의 날' 시위가 일어났습니다. 대공황으로 인한 실업과 빈곤에 고통받던 수많은 사람들이 거리로 나와 일자리와 사회적 지원을 요구하며 정부에 저항했습니다. 이 시위는 대공황의 여파가 전 세계적으로 얼마나 심각한 위기를 초래했는지 보여주는 상징적인 사건입니다. 경제 위기가 사회 불안을 증폭시키고, 민생 문제가 정치적 갈등으로 확산되는 계기가 되었습니다.

실업자의 날 시위는 민생의 불안이 사회의 안정을 위협할 수 있음을 보여줍니다. 또한, 정부가 국민의 삶을 보살피고 실업 문제를 해결하는 것이 얼마나 중요한지 강조합니다.

오늘의 한마디

민생의 위기는 사회의 위기로 이어진다.

27

OCTOBER

다수와 다르게 행동하지 않으면 탁월한 성과를 내는 것은 불가능하다.

It is impossible to produce superior performance unless you do something different from the majority.

존 템플턴 John Templeton

오늘의 한마디

시장 평균을 능가하려면 대중과 똑같이 움직여서는 안 된다. 모두가 같은 방향을 바라볼 때, 그 안에 숨어 있는 위험을 인식해야 한다. 차별화된 통찰과 독립적 사고는 불편할 수 있지만 초과 수익의 원천이 될 것이다. 군중을 따라갈 때는 평범함만 남는다.

07

MARCH

미국 최초의 금융공황 발발

1792년 3월, 미국 최초의 금융공황이 발생했습니다. 당시 재무부 차관이었던 윌리엄 듀어(William Duer)와 알렉산더 머콤(Alexander Macomb) 같은 투기꾼들이 은행 대출을 받아 정부 증권 및 은행 주가를 조작하려다 실패하면서, 시장에 대한 신뢰가 무너지고 주가가 폭락했습니다. 당시 신생국이었던 미국의 금융 시스템이 얼마나 취약했는지를 보여주는 사건입니다. 이 사건은 과도한 투기와 신용팽창이 어떤 결과를 초래하는지 알려주는 초기 사례가 되었습니다.

당시 초대 재무 장관이었던 알렉산더 해밀턴(Alexander Hamilton)이 중앙은행인 미국 제일은행을 통해 유동성을 공급하고 국채를 매입하는 등 적극적으로 시장에 개입하여 위기를 수습했습니다. 이는 정부의 신속하고 단호한 시장 개입으로 금융 위기를 해결하며 역사적 교훈으로 남았습니다.

오늘의 한마디

금융시장의 안정은 투기꾼들의 욕망을
제어하는 정부의 능력에 달려 있다.

26

OCTOBER

수익은 알아서 챙겨지지만, 손실은 결코 저절로 해결되지 않는다.

Profits always take care of
themselves but losses never do.

제시 리버모어 Jesse Livermore

오늘의 한마디

좋은 투자 종목은 시간이 지나면서 자연스럽게 수익을 쌓아간다. 하지만 손실 자산은 가만히 둔다고 해결되지 않는다. 오히려 방치할수록 더 큰 구멍이 생긴다. 변동성이 클 때는 손실을 신속히 끊어내는 훈련이 절대적이다. 수익은 기다리면 따라오지만, 손실은 반드시 스스로 관리해야 한다.

08

MARCH

3·8 민주 의거

1960년 3월 8일, 대한민국 대전 지역의 고등학생들이 이승만 자유당 정권의 부정부패와 독재에 항의하며 시위를 벌였습니다. 이는 대구의 2·28 학생민주운동과 마산의 3·15 의거에 이어 일어난 학생 민주화 운동입니다. 3·8 민주 의거는 정부의 불법적인 선거 방해 행위에 맞선 학생들의 용기 있는 저항으로, 이후 전국적으로 확산된 4·19 혁명의 중요한 기폭제가 되었습니다. 이 사건은 독재에 저항하고 민주주의를 열망하는 시민들의 의지를 보여주는 역사적인 사건으로 평가받습니다.

그뿐만 아니라, 시민의 힘과 민주주의 수호의 중요성을 보여주는 살아 있는 교훈이기도 합니다. 권력의 부당함에 맞서 행동하는 용기가 어떻게 사회를 변화시키는지 되새기게 합니다.

오늘의 한마디

민주주의의 꽃은 시민들의 끊임없는 관심과
용기 있는 행동으로 피어난다.

25

OCTOBER

시장을 거스르지 말고 시장의 흐름에 따라야 한다.

Never fight the market.
Always go with the market trend.

윌리엄 오닐 William O'Neil

오늘의 한마디

개인의 생각이 시장 흐름과 반대로 가면 손실을 볼 수 있다. 거시적 트렌드를 무시하면 쉽게 도태되고 고립될 수밖에 없다. 시장 신호를 읽고 이에 맞춰 유연하게 대응하는 자세가 필요하다. 고집이 아니라 순응이 곧 생존 전략이다.

09
MARCH

코로나19 쇼크와 '블랙 먼데이'

2020년 3월 9일, 팬데믹 우려와 함께 유가 폭락 사태가 겹치면서 전 세계 증시가 일제히 폭락했습니다. 특히 미국 다우존스지수가 하루 만에 2,000포인트 가까이 폭락하며 1987년 대폭락 이후 또다시 '블랙 먼데이'로 불렸고, 이는 2008년 금융 위기 이후 최악의 시장 충격이었습니다. 이 사건은 팬데믹과 같은 비경제적 요인이 세계경제에 얼마나 치명적인 영향을 미칠 수 있는지 보여주었습니다. 글로벌 공급망 붕괴 우려와 투자자들의 공포 심리가 맞물려 금융시장의 패닉을 초래했으며, 이후 각국 정부와 중앙은행의 대규모 경기 부양책을 이끌어내는 계기가 되었습니다.

외부 충격에 대한 경제 시스템의 취약성을 드러낸 이 사건은 위기 상황에서 정부와 중앙은행의 역할을 강조하며, 팬데믹이 경제 시스템에 미치는 영향에 대한 깊이 있는 성찰을 남겼습니다.

오늘의 한마디

예측 불가능한 위기는 언제나 다른 형태로 찾아온다.

24

OCTOBER

자신이 가진 역량의 범위를 알고 그 안에서만 집중하라.

Know your circle of competence, and stick within it.

찰리 멍거 Charlie Munger

오늘의 한마디

아무리 뛰어난 투자자라도 모든 분야를 정확히 알 수는 없다. 자신이 잘 아는 산업과 기업에 집중할 때 리스크가 줄고 성과는 개선된다. 복잡한 글로벌 환경일수록 영역을 좁혀 명확한 이해를 바탕으로 투자해야 한다. '내가 모르는 것' 바깥으로 나가지 않는 것이 장기적 생존을 보장한다.

10
MARCH

실리콘밸리 은행 파산

2023년 3월 10일, 미국 실리콘밸리의 기술 스타트업들을 주요 고객으로 하던 실리콘밸리 은행(SVB)이 대규모 예금 인출 사태로 인해 단 이틀 만에 파산했습니다. 이는 미국 역사상 두 번째로 큰 규모의 은행 파산으로 기록되었습니다. SVB 파산은 한 은행의 실패를 넘어, 미국 연방준비제도의 급격한 금리 인상과 맞물려 예금 자산의 가치 하락과 유동성 위기가 어떻게 금융 시스템의 취약점을 드러낼 수 있는지 보여주었습니다. 특히, 소셜 미디어를 통해 불안 심리가 빠르게 확산되면서 뱅크런이 가속화되는 '디지털 뱅크런'의 위험성을 부각했습니다.

이 사건은 금융기관의 건전성 관리와 정부의 신속한 위기 대응이 얼마나 중요한지 강조합니다. 또한 기술 발전이 금융 안정성에 미치는 새로운 영향에 대한 고민을 던져주며, 금융 당국이 기존의 감독 방식을 재검토해야 할 필요성을 시사했습니다.

오늘의 한마디

한순간의 불안이 수십 년의 신뢰를 무너뜨렸고,
새로운 시대의 위험은 더 빠르게 다가온다.

23

OCTOBER

많은 일은 예상보다 더디게 일어나다가 생각보다 훨씬 빠르게 진행된다.

Things take longer to happen than you think they will, and then happen faster than you thought they could.

래리 서머스 Larry Summers

오늘의 한마디

구조적 변화는 초기에 느리게 진행되다가 임계점을 지나면 폭발적으로 확산된다. AI, 반도체, 에너지 산업이 바로 그런 흐름이다. 투자자는 조급함 때문에 초반을 놓치거나, 회의론 때문에 정점에서 참여하기도 한다. 인내하며 변화를 지켜보다가 가속화 시점에 과감히 대응해야 한다.

11
MARCH

베어스턴스의 붕괴 및 연준 개입

2008년 3월, 미국 5대 투자은행 중 하나인 베어스턴스(The Bear Stearns Companies, Inc.)가 서브프라임 모기지 부실로 인해 유동성 위기에 직면했습니다. 이에 연방준비제도는 금융 시스템 붕괴를 막기 위해 JP모건체이스를 통해 긴급 자금을 지원하고, 베어스턴스 인수를 주선했습니다. 결국 베어스턴스는 주당 2달러(최종 10달러)라는 헐값에 매각되면서 85년 역사의 막을 내렸습니다. 이 사건은 연준이 비은행 금융기관에 개입한 최초의 사례로, 시스템적 위험을 방지하기 위한 정책 당국의 역할을 보여주었습니다. 베어스턴스 사태는 금융 시스템 내 '너무 커서 망하게 내버려둘 수 없는(Too big to fail)' 기관의 존재와 도덕적 해이 논란을 불러일으켰습니다. 이는 이후 금융 규제 강화의 토대가 되었습니다.

오늘의 한마디

금융 위기는 하나의 도미노에서 시작될 수 있다.

22

OCTOBER

투자에서 편안한 선택은 대개 수익성이 낮다.

In investing, what is comfortable is rarely profitable.

로버트 아노트 Robert Arnott

오늘의 한마디

모두가 안심하고 선택하는 투자에는 이미 높은 가격이 반영되어 있다. 반대로 진짜 기회는 불안하고 불편한 영역에서 발견된다. AI와 성장주에 관심이 쏠릴 때, 소외된 가치주와 전통 산업에서 가능성을 찾을 수 있다. 편안하고 쉬운 투자는 대체로 평균 성과로 이어질 뿐이다. 불편한 영역에서 탐험할 때 비로소 차별화된 수익을 얻는다.

12

MARCH

코로나19 쇼크와 '블랙 서스데이'

2020년 3월 12일 목요일, 팬데믹 공포가 확산되며 미국 증시 다우존스지수가 약 10% 폭락했습니다. 이는 1987년 '블랙 먼데이' 이후 하루 최대 낙폭으로, 유가 폭락 사태와 겹쳐 전 세계 금융시장에 극심한 불안을 안겨주었습니다. 전례 없는 유동성 경색과 투자자들의 공포가 맞물려 시장 패닉이 최고조에 달한 날입니다. 이 사건을 계기로 연준을 비롯한 각국 중앙은행과 정부는 유동성 공급과 경기 부양을 위한 대규모 정책을 신속하게 펼치기 시작했습니다.

'블랙 서스데이'는 비경제적 요인이 글로벌 금융 시스템에 얼마나 치명적인 충격을 줄 수 있는지 보여주는 대표적인 사례로 남았습니다. 또한 위기 시 신속한 정책 대응이 시장의 붕괴를 막는 핵심적인 역할을 한다는 것을 보여주었습니다.

오늘의 한마디

외부 충격에 대한
경제 시스템의 대응력이 중요하다.

21

OCTOBER

우리는 거시경제나 금리 같은 외부 변수가 아닌 기업의 펀더멘털에 집중한다.

We don't do macro investing.
We focus on analyzing the business fundamentals.

론 바론 Ron Baron

오늘의 한마디

금리, 환율, 경기 전망은 수시로 바뀌고 정확히 예측하기 어렵다. 그러나 기업의 경쟁력, 제품력, 현금 흐름은 신뢰할 수 있는 지표이다. 불확실한 시대일수록 본질에 집중하는 태도가 필요하다. 펀더멘털이 탄탄한 기업은 어떤 환경에서도 살아남는다.

13

MARCH

이세돌 9단 VS 인공지능 '알파고'

2016년 3월 13일, 이세돌 9단은 구글의 인공지능 알파고와의 5번기 제4국에서 3연패 후 첫 승리를 거두었습니다. 이 승리는 인류가 알파고에게 거둔 유일한 공식 승리로 기록되었습니다. 이세돌 9단은 불리한 상황에서 '신의 한 수'라고 불리는 절묘한 묘수(78수)를 두어, 알파고의 예상 범위를 벗어나는 혼란을 주었습니다. 이는 단순히 계산만 하는 인공지능과 달리 인간만이 가질 수 있는 창의성과 직관의 가치를 입증했습니다.

이 대결은 인공지능이 인간의 능력을 뛰어넘을 수 있음을 보여줌과 동시에, 인공지능 시대에 인간의 역할에 대한 근본적인 질문을 던지게 합니다. 인간과 인공지능의 대국 이후 전 세계적으로 인공지능 투자 붐이 일어났습니다. 이세돌 9단과 알파고의 경기는 AI로 산업 성장의 분기점이자, AI 경제 시대를 여는 신호탄이었습니다.

오늘의 한마디

예측 불가능한 한 수가 거대한 흐름을 뒤집다.

20

OCTOBER

투자의 핵심은 손실 회피다. 손실만 막고 일부 대박 투자만 해도 장기적으로 성공한다.

A big part of investing is not losing money.
If you can avoid losing money and then have a few
great hits, you can do very, very well over time.

빌 애크먼 Bill Ackman

오늘의 한마디

손실 방지는 단순한 방어가 아니라 장기적 복리 성장을 위한 필수적인 원칙이다. 특히 리스크가 많은 시장에서 손실을 피하는 것만으로도 평균보다 나은 성과를 낼 수 있다. 몇 번의 큰 기회가 보태지면 장기 성과는 자연스럽게 따라온다. 투자 성과의 출발점은 언제나 '손실 회피'이다.

14
MARCH

크라우드펀딩의 날

크라우드펀딩의 날(Crowdfunding Day)은 크라우드펀딩의 중요성을 알리고, 창의적인 아이디어와 프로젝트를 지지하는 문화를 확산시키기 위해 제정되었습니다. 미국과 캐나다 등 여러 국가에서 3월 14일 '파이 데이(π Day)'와 함께 기념하며 새로운 시작과 가능성을 상징하는 의미를 담고 있습니다. 또한 소수의 자본가에게 의존하던 기존의 투자 방식에서 벗어나, 대중의 참여를 통해 자금을 모으는 크라우드펀딩의 혁신적인 가치를 강조합니다. 이는 창업자들에게 새로운 기회를 제공하고, 투자자들에게는 다양한 분야의 프로젝트에 참여할 수 있는 통로를 열어줍니다.

크라우드펀딩은 단순히 자금을 모으는 것을 넘어, 프로젝트에 대한 사회적 관심을 불러일으키고 커뮤니티를 형성하는 중요한 역할을 합니다. 이는 미래 경제의 핵심 동력인 창의성과 혁신을 뒷받침하는 새로운 금융 모델로서의 잠재력을 보여줍니다.

오늘의 한마디

작은 참여가 모여 큰 꿈을 현실로 만든다.

19

OCTOBER

모른다고 인정하는 순간에 지혜가 시작된다.

Acknowledging what you don't know is the dawning of wisdom.

찰리 멍거 Charlie Munger

오늘의 한마디

시장에 대한 무리한 확신은 투자자를 위기로 몰아넣는다. 자신이 아는 영역과 모르는 영역을 분명히 구분해야 불필요한 리스크를 피할 수 있다. 빠르게 변화하는 시대일수록 겸손이 진정한 무기가 될 것이다. 모르는 것을 인정할 때 학습과 성장이 가능해진다.

15

MARCH

최초의 인터넷 도메인 등록

1985년 3월 15일, 미국의 컴퓨터 제조업체 '심볼릭스(Symbolics)'가 인터넷 역사상 최초의 상업용 도메인인 symbolics.com을 등록했습니다. 이는 오늘날 우리가 사용하는 인터넷 주소 체계의 시작을 알리는 기념비적인 사건입니다. 당시 인터넷은 주로 연구 기관이나 군사 목적으로 사용되었고, 상업적인 목적의 사용은 거의 없었습니다. 심볼릭스의 도메인 등록은 인터넷이 단순한 정보 교환의 수단을 넘어 상업적 활동과 대중적 소통의 장이 될 수 있다는 가능성을 보여주었습니다. 이는 인터넷 시대의 서막과 함께 닷컴 시대를 여는 중요한 첫걸음이었습니다.

이 사건은 기술의 발전이 사회와 경제를 어떻게 변화시키는가를 보여주는 사례입니다. symbolics.com의 등록은 현대사회의 모든 측면을 연결하는 인터넷의 폭발적인 성장을 예고한 선구적인 사건으로 평가할 수 있습니다.

오늘의 한마디

단 한 번의 작은 클릭이 세상을 연결하는
거대한 네트워크의 시작이 되었다.

18

OCTOBER

앞으로 1~2년 사이에 쓸 돈이라면 주식을 사면 안 된다. 단순히 예측하기 어렵기 때문이다.

If you need the money in 1 or 2 years, you shouldn't be buying stocks. It's simply unpredictable.

피터 린치 Peter Lynch

오늘의 한마디

단기적으로 사용할 돈을 위험 자산에 투자하면 불안과 손실로 이어질 수 있다. 주가 변동성이 큰 시기에는 1~2년 내 현금이 필요한 자금일 경우 안전 자산에 두는 게 필수적이다. 주식은 언제나 장기 자산이어야 하며, 단기적 유동성이 필요한 돈은 시장에 맡기지 말아야 한다.

16

MARCH

OECD, 국제 금융 교육 주간

OECD의 '국제 금융 교육 주간(Global Money Week)'은 전 세계 청소년들의 금융 이해력을 높이기 위해 OECD 산하 국제금융교육네트워크(INFE)가 주관하는 캠페인입니다. 이 캠페인은 청소년들이 금융의 중요성을 깨닫고 저축, 투자, 부채 관리 등 올바른 금융 습관을 형성하도록 돕는 데 의미가 있습니다. 이는 미래 세대가 경제적으로 자립하고 안정적인 삶을 계획할 수 있도록 사회적 기반을 다지는 역할을 합니다.

금융 교육은 더 이상 선택이 아닌 필수입니다. 복잡해지는 현대 금융 사회에서 청소년들이 올바른 경제관념을 가질 수 있도록 교육하는 것은 개인의 삶뿐만 아니라, 국가 전체의 경제적 안정에도 기여합니다.

오늘의 한마디

금융을 아는 것은 미래를 아는 것이다.

17

OCTOBER

특별한 상황에는
특별한 인내가 필요하다.

Special situations
require special patience.

조엘 그린블랫 Joel Greenblatt

오늘의 한마디

경기 침체, 구조 조정, 부실채권 매입 같은 '특수 상황 투자'는 시간이 오래 걸린다. 성급하게 성과를 요구하면 실패로 끝날 위험이 크다. 불확실성이 큰 장세에서는 더욱 냉정한 기다림이 필요하다. 특별한 수익을 원한다면 그만큼 특별한 인내심을 준비해야 한다.

17

MARCH

미국, 산업 자동화 기술 투자 확대 발표

1978년 3월 17일, 미국 정부가 산업 생산성 향상을 위해 로봇공학과 인공지능 등 산업 자동화 기술에 대한 투자를 대폭 확대한다고 발표했습니다. 1970년대 오일쇼크 이후 침체된 미국 제조업 경쟁력을 회복하기 위한 국가적 차원의 전략적 결정이었습니다. 이는 훗날 미국에서 '제조업의 부활'이라 불리는 현상의 시발점이 되었으며, IT 기술이 산업 전반에 영향을 미치는 계기를 마련했습니다.

오늘의 한마디

기술 투자는 과거의 위기를 극복하고
미래를 준비하는 가장 확실한 방법이다.

16

OCTOBER

얼마나 자주 맞고 틀리는지가 아니라, 맞을 때 얼마나 벌고 틀릴 때 얼마나 잃느냐가 중요하다.

What matters most is not how often you are right or wrong but how much money you make when right and how much you lose when wrong.

윌리엄 오닐 William O'Neil

오늘의 한마디

투자 성과를 결정짓는 것은 정답률이 아니라 손익의 균형이다. 열 번 중 여섯 번 틀려도 한 번 크게 맞으면 충분히 이길 수 있다. 반대로 자주 맞아도 한 번의 큰 실수로 모든 걸 잃을 수 있다. 어느 때보다 불확실성이 높은 지금, 철저한 리스크 관리와 확실한 기회 포착이 가장 중요한 전략이다.

18

MARCH

상공의 날

상공의 날은 상공업의 진흥을 촉진하고, 경제 발전에 이바지한 상공인들의 노고를 치하하기 위해 제정된 대한민국의 법정 기념일입니다. 상공의 날은 기업가 정신을 고취하고, 치열한 경쟁 속에서 묵묵히 산업 현장을 지켜온 상공인들의 노력을 인정하는 중요한 의미를 가집니다. 기념식에서는 국가의 경제 발전에 공헌한 상공인들에게 정부 포상이 수여됩니다.

상공의 날은 나라의 경제성장이 단순히 정책적 노력뿐만 아니라, 현장에서 끊임없이 혁신을 추구하는 기업인들의 헌신에 의해 이루어짐을 보여줍니다. 이는 경제주체들의 노력이 모여 국가 전체의 번영을 이끌어냄을 강조합니다.

오늘의 한마디

경제를 움직이는 힘,
그들의 열정에 감사하는 날.

15

OCTOBER

위기 속에서 현금과 용기는 가치를 매길 수 없다.

Cash combined with courage
in a crisis is priceless.

워런 버핏 Warren Buffett

오늘의 한마디

불황과 위기 속에서 기회가 나타난다. 그러나 이를 잡을 수 있는 사람은 현금을 보유하고 동시에 두려움을 이겨내는 용기를 가진 사람들뿐이다. 불안정한 경제 상황은 현금 비중을 지키는 동시에 결정적 순간에 과감히 움직이는 힘을 요구한다. 현금과 용기의 조합은 위기의 시대에 귀중한 자산이 된다.

19

MARCH

영국 중앙은행, 긴축 완화 단행

2020년 3월 19일, 영국 중앙은행은 팬데믹으로 인한 경제 충격에 대응하기 위해 기준금리를 0.25%에서 사상 최저치인 0.1%로 추가 인하하고, 양적 완화 규모를 확대하는 긴급조치를 단행했습니다. 이 조치는 경기 침체를 막고 금융시장의 유동성을 확보하기 위한 강력한 정책으로, 전례 없는 위기 상황에서 중앙은행이 적극적인 경기 방어 역할을 수행했음을 보여줍니다.

영국 중앙은행의 긴축 완화는 예측 불가능한 외부 충격이 전 세계 금융 시스템에 얼마나 큰 영향을 미칠 수 있는지를 시사합니다. 또한 위기 시 신속하고 과감한 통화정책이 경제 안정에 중요한 역할을 한다는 것을 시사합니다.

오늘의 한마디

유연한 정책이
위기를 극복하는 힘이 된다.

14

OCTOBER

순자산은 일반적으로 나쁜 습관을 뺀 후 남은 것에 따라 결정된다.

Your net worth to the world is usually determined by what remains after your bad habits are subtracted.

벤저민 프랭클린 Benjamin Franklin

오늘의 한마디

재산뿐 아니라 평판과 영향력도 습관의 총합에서 결정된다. 불필요한 소비, 충동적 매매, 단기적 유혹 같은 나쁜 습관들은 재정 건전성을 지속적으로 갉아먹는다. 불확실한 시대일수록 올바른 습관이 자산을 지키는 가장 중요한 무기가 될 것이다. 좋은 습관이 곧 장기적 순자산을 결정짓는다.

20

MARCH

세 마녀의 날

세 마녀의 날(Triple Witching Day)은 주가지수 선물, 주가지수 옵션, 개별 주식 옵션 등 세 가지 파생 상품의 만기일이 겹치는 날을 의미합니다. 매년 3, 6, 9, 12월의 세 번째 금요일에 발생하며, 이로 인해 증시의 변동성이 크게 확대되는 경향을 보입니다. 만기를 앞둔 파생 상품의 계약을 청산하거나 새로운 계약으로 교체하려는 투자자들의 움직임이 시장에 집중됩니다. 이 과정에서 평소보다 거래량이 폭증하고, 예상치 못한 주가 급등락이 발생하여 시장에 큰 혼란을 초래할 수 있습니다.

파생 상품이 현물시장에 얼마나 큰 영향을 미칠 수 있는지 보여주는 대표적인 사례입니다. 투자자들은 만기일이 다가올수록 시장의 움직임을 면밀히 주시하고, 리스크 관리에 신중해야 한다는 교훈을 얻을 수 있습니다.

오늘의 한마디

마녀가 날뛰는 날,
시장의 변동성을 경계하라.

13

OCTOBER

첫 손실을 인정하고 빠르게 손절하는 것이 가장 현명한 손실이다.

*Your first loss
is your best loss.*

하워드 막스 Howard Marks

오늘의 한마디

손실을 끌고 가며 희망을 거는 것이야말로 치명적인 실수이다. 작은 손실을 빨리 인정하면 자본을 지킬 수 있지만, 무시하면 큰 손실로 이어진다. 변동 장세에서는 결단과 속도가 생존의 무기이다. 잘못을 빨리 인정하고 새로운 기회를 준비하는 태도가 큰 차이를 만든다.

21

MARCH

신용카드 줄이기의 날

신용카드 줄이기의 날(Reduce Your Credit Cards Day)은 무분별한 신용카드 사용을 억제하고 건강한 소비 습관을 장려하기 위해 만들어진 캠페인입니다. 매년 3월 21일에 기념하며, 불필요한 신용카드를 정리하고 자신의 재정 상태를 점검하는 것을 목표로 합니다. 신용카드 줄이기는 과다한 신용 한도 억제 및 재정 관리의 효율성을 불러옴과 동시에 소비 억제 효과, 의사 결정 피로 감소 등 심리적 측면에서도 효용이 있습니다.

오늘의 한마디

신용카드 한 장을 줄이는 것은
미래를 위한 현명한 투자다.

12

OCTOBER

투자에서 가장 큰 장점은 인내심과 정보에 입각한 마음이다.

The single greatest edge is
a patient and informed mind.

하워드 막스 Howard Marks

오늘의 한마디

정보가 넘치는 시대이지만 진짜 우위는 정보를 제대로 해석할 수 있는 인내와 지적 태도이다. 순간의 소음에 휘둘리지 않고 자료와 근거를 통해 차분히 의사 결정을 할 수 있을 때 성과가 만들어진다. 기다릴 수 있는 사람만이 남들이 보지 못하는 진짜 기회를 얻는다. 준비된 지혜와 인내심이 최고의 경쟁력이다.

22

MARCH

세계 물의 날

1992년, 유엔(UN)은 물 부족과 수질오염에 대한 경각심을 일깨우고 물의 중요성을 인식시키기 위해 매년 3월 22일을 '세계 물의 날(World Day for Water)'로 제정했습니다. 이듬해인 1993년부터 공식적으로 기념하기 시작했습니다. 세계 물의 날 제정은 전 세계적으로 심각해지는 물 문제를 해결하기 위한 국제적인 협력의 시작을 알리는 중요한 사건이었습니다. 물이 단순한 자원이 아니라 모든 생명체의 생존에 필수적인 요소임을 강조하며, 지속 가능한 수자원 관리를 위한 노력을 촉구했습니다.

오늘날에도 세계 물의 날은 물 부족의 심각성을 상기시키는 중요한 역할을 합니다. 기후변화로 인한 가뭄과 홍수, 그리고 물 분쟁은 여전히 전 세계적인 과제로 남아 있습니다.

오늘의 한마디

물은 생명의 근원이며,
우리의 미래이다.

11

OCTOBER

호기심을 갖고 배우는 데는 겸손이 필요하다.

A powerful quote: There's a humility to being curious and learning.

제이미 다이먼 Jamie Dimon

오늘의 한마디

시장은 끊임없이 변한다. 과거의 지식만으로는 새로운 흐름을 설명할 수 없다. 인공지능, 기후 변화, 금융 혁신 같은 신산업 이해를 위해서는 열린 태도와 겸손한 학습 습관이 필요하다. 확신에 사로잡힌 투자자는 변화의 전환점에서 크게 뒤처질 수밖에 없다. 끊임없는 호기심과 겸손이 장기 경쟁력을 만든다.

23
MARCH

연준, 팬데믹 쇼크로 무제한 양적 완화 조치

2020년 3월 23일, 팬데믹 쇼크로 인해 전 세계 금융 시장이 극심한 혼란에 빠지자 연준은 '무제한 양적 완화(QE)'를 선언했습니다. 이는 시장의 공포 심리를 진정시키고 유동성 경색을 완화하는 데 큰 영향을 미쳤습니다. 무제한 양적 완화는 단순한 통화 정책을 넘어, 중앙은행이 금융 시스템의 붕괴를 막기 위해 동원할 수 있는 강력한 최후의 수단이었습니다. 이는 중앙은행의 역할이 단순히 물가 안정뿐 아니라 금융 시장의 안정성까지 포괄하는 중요한 전환점이 되었습니다.

미국의 양적 완화 조치는 글로벌 위기 상황에서 각국 중앙은행의 협력과 신속한 대응의 중요성을 시사합니다. 또한 시장의 불확실성이 극대화될 때 정책 당국의 과감한 조치가 공포를 진정시키는 데 핵심적인 역할을 한다는 교훈을 남겼습니다.

오늘의 한마디

과감한 조치가
때로는 최고의 해답이다.

10

OCTOBER

두려움은 강력하지만 필요는 더욱 강력하다.

Fear is powerful,
but need is even more powerful.

제프리 건들락 Jeffrey Gundlach

오늘의 한마디

투자자 심리를 지배하는 건 공포지만 시장을 움직이는 건 결국 필요이다. 에너지, 식량, 주거처럼 필수 영역은 위기 속에서도 수요가 견고하다. 경기 둔화 우려가 클지라도 필요에 기반한 시장은 회복력이 빠르다. 욕망보다 필요를 기반으로 한 산업에 집중해야 안정적 수익을 얻을 수 있다.

24

MARCH

엑손 발데스호 원유 유출 사고

1989년 3월 24일, 미국 알래스카주 프린스 윌리엄 해협에서 유조선 엑손 발데스호(Exxon Valdez)가 암초에 부딪혀 약 1,100만 갤런(약 4만 톤)의 원유가 유출되는 재앙이 발생했습니다. 이는 당시 미국 역사상 최악의 해양 기름 유출 사고로 기록되었습니다. 이 사고로 알래스카의 청정 자연이 순식간에 파괴되었으며 수십만 마리의 해양 생물이 희생되었습니다. 사고의 원인 중 하나로 선장의 음주와 관리 소홀이 지목되면서 기업의 윤리적 책임과 환경 안전에 대한 국제적인 경각심을 불러일으켰습니다.

엑손 발데스호 사고는 인간의 실수와 기업의 부주의가 얼마나 심각한 환경 파괴를 초래할 수 있는지 보여줍니다. 환경보호의 중요성과 함께 재난 예방을 위한 철저한 안전 관리 시스템의 필요성을 강조합니다.

오늘의 한마디

환경에 대한 무관심은 미래 세대의
삶을 파괴하는 치명적인 재앙이다.

09

OCTOBER

투자자는 항상 안전 마진을 확보해야 한다.

Investors should always keep a margin of safety.

세스 클라먼 Seth Klarman

오늘의 한마디

예측이 어려운 시대일수록 안전 마진은 중요한 생존 전략이다. 금리·물가·지정학 위험 등 불확실성이 겹친 지금, 안전 마진 없는 투자는 파산 위험을 초대하는 행위와도 같다. 본질 가치보다 충분히 싸게 사는 습관이야말로 리스크 관리의 핵심이다. 경쟁력과 차별화된 인사이트를 쌓고, 이를 바탕으로 투자하는 태도가 높은 수익으로 이어질 수 있다.

25
MARCH

유럽경제공동체 설립

1957년 3월 25일, 서독, 프랑스, 이탈리아, 베네룩스 3국(벨기에, 네덜란드, 룩셈부르크)이 로마조약에 서명하며 '유럽경제공동체(EEC)'를 설립했습니다. 이 조약은 회원국 간 무역 장벽을 제거하고 자유로운 경제활동을 촉진하는 것을 목표로 했습니다. 유럽의 평화와 경제성장을 위한 중요한 발판이었으며, 오늘날의 '유럽연합(EU)'으로 이어지는 역사적인 첫걸음이었습니다.

EEC는 경쟁 대신 협력을 선택함으로써 더 큰 번영을 이룰 수 있다는 국제 관계의 새로운 가능성을 제시했습니다.

오늘의 한마디

함께하는 지혜가
더 큰 미래를 만든다.

08

OCTOBER

싸게 사고 비싸게 팔아라.
문제는 무엇이 싸고 비싼지 아는 데 있다.

Buy low and sell high. It's pretty simple.
The problem is knowing what's low and what's high.

짐 로저스 Jim Rogers

오늘의 한마디

이론은 단순하지만 실제로 가격이 낮은지 높은지 판단하기는 쉽지 않다. 특히 특정 자산이 과열되면 싼 줄 알고 무작정 뛰어드는 경우가 많다. 시장의 저평가는 대중이 외면할 때 찾아온다. 단순한 원칙을 실천하려면 철저한 분석과 인내가 반드시 요구된다.

26
MARCH

미국, 석유 소비 절감 정책 시행

1979년 3월 26일, 미국 정부가 이란혁명으로 인한 제2차 오일쇼크에 대응하여 석유 소비를 줄이기 위한 정책을 발표했습니다. 에너지 효율성 증대와 대체에너지 개발의 필요성이 대두되면서, 미국의 에너지 정책에 근본적인 변화를 가져왔습니다.

미국은 이후 하이브리드차, 전기차, 신재생에너지 분야에서 시장을 확대하며 새로운 성장 동력을 확보했습니다. 이는 에너지 절감 정책이 산업 혁신과 일자리 창출로 이어질 수 있음을 시사합니다.

오늘의 한마디

위기는 새로운 에너지 전환의
시작을 알린다.

07

OCTOBER

죽은 고양이도 높은 곳에서 떨어지면 튀어 오른다.

Even a dead cat will bounce if it falls from a great height.

월스트리트 속담(1985년 <파이낸셜타임스> 인용)

오늘의 한마디

급락한 자산이 잠시 반등하는 경우를 착각해서는 안 된다. 단기적 반등은 본질적 회복이 아니라 단순한 기술적 반응일 수 있다. 반등을 회복으로 오해하면 위험하다. 진짜 바닥은 실적과 펀더멘털 개선으로 만들어진다. 반짝 반등과 진정한 전환점을 구분하는 냉정한 태도가 필요하다.

27

MARCH

'실버 서스데이', 은괴시장 붕괴

1980년 3월 27일 목요일, 미국의 석유 재벌인 헌트 형제(Bunker Hunt, Herbert Hunt)가 은 투기에 실패하며 은 가격이 폭락한 사건입니다. 헌트 형제는 은을 대규모로 매입해 가격을 끌어올렸으나, 뉴욕상품거래소(NYMEX)의 규제 강화와 공급 증가로 인해 결국 막대한 손실을 보게 되었습니다. 소수의 투기 세력이 특정 상품의 시장을 조작하려다 실패하며 시장 전체에 큰 충격을 준 사례입니다.

이 사건은 과도한 투기가 어떻게 시장의 안정성을 해칠 수 있는지를 보여줍니다. 또한 규제 당국의 개입과 시장의 예상치 못한 공급 변화가 투기 세력의 몰락을 초래할 수 있다는 점을 시사합니다. 시장은 단순히 투기 세력의 힘으로만 움직이지 않으며, 복합적인 요인에 의해 작동한다는 것을 일깨워줍니다.

오늘의 한마디

투기의 욕망은 결국
시장의 현실 앞에서 무너질 수 있다.

06

OCTOBER

성공적으로 투자하려면 장기적 시야와 더불어, 주식이 아니라 사업에 투자한다는 자세가 필요하다.

In order to invest successfully you have to have a long time horizon and be prepared to invest in a business, as opposed to investing in stocks.

론 바론 Ron Baron

오늘의 한마디

주식가격만 보고 움직이면 본질을 놓치기 쉽다. 오늘날처럼 불확실한 환경에서는 기업의 장기 성장 전략과 수익 구조에 집중해야 한다. 주식이 아니라 사업의 일부를 소유한다는 관점이야말로 견고한 성과의 비결이다. 비즈니스가 잘 운영될수록, 시간이 지날수록 투자가치는 자연스럽게 커진다.

28

MARCH

미국, IT산업에 대한 국가 연구개발 예산 대폭 증액

1979년 3월 28일, 미국 정부가 침체된 경제 상황을 타개하고 미래 경쟁력을 확보하기 위해 IT 산업의 연구 개발(R&D) 예산을 대폭 증액하는 정책을 발표했습니다. R&D 투자는 컴퓨터, 반도체 등 핵심 기술 분야의 혁신을 촉진하여 미국이 글로벌 IT 강국으로 도약하는 초석을 다졌습니다.

정부의 전략적 투자가 국가의 산업구조를 재편하고, 새로운 기술 혁명을 이끌 수 있음을 보여주는 사례입니다.

오늘의 한마디

위기 속에서 미래를 위한 투자가
강력한 성장 동력이 된다.

05

OCTOBER

낮은 비용은 높은 수익의 시녀이다.

Lower costs are the handmaiden of higher returns.

존 보글 John Bogle

오늘의 한마디

보이지 않는 수수료와 거래 비용이 장기적으로 복리 효과를 크게 갉아먹는다. 부가 투자 상품이 넘쳐날수록 비용 절감은 경쟁력이 된다. 인덱스 펀드나 저비용 ETF가 꾸준히 좋은 성과를 내는 이유도 여기에 있다. 낮은 비용을 추구하는 습관이 결국 장기 성과의 격차를 만든다.

29
MARCH

유럽환율기구 출범

1979년 3월 29일, 유럽경제공동체의 8개국이 통화 통합을 위한 첫 단계로 '유럽환율기구(ERM)'를 출범시켰습니다. 회원국 통화 간 환율 변동 폭을 일정 수준으로 유지함으로써 무역 안정성을 높이고, 궁극적으로 단일 통화인 유로화 도입의 기반을 다지기 위함입니다.

ERM의 출범은 경제적 통합이 정치적 통합으로도 이어질 수 있음을 보여주는 중요한 사례이며, 오늘날의 유로존 탄생에 결정적인 역할을 했습니다.

오늘의 한마디

통합을 향한 작은 발걸음이
거대한 경제 공동체를 만든다.

04

OCTOBER

가치에 집중하면, 남들이 빠져나올 때 우리는 들어간다.

By focusing on value, we get in when everyone else is trying to get out.

마크 모비우스 Mark Mobius

오늘의 한마디

시장이 공포로 가득 차 있을 때 가치 투자자는 오히려 기회를 포착한다. 특정 섹터와 지역에서 투자자가 빠져나가는 자산 중에 저평가 기회가 숨어 있다. 단기 흐름을 좇는 대신 본질에 집중하면 남들이 떠날 때 들어가 보상을 받을 수 있다. 가치는 언제나 투자자에게 길을 안내한다.

30

MARCH

미국, 알래스카 매입

1867년 3월 30일, 미국 국무 장관 윌리엄 수어드(William Seward)의 주도하에 미국이 러시아제국으로부터 알래스카를 720만 달러(당시 기준)에 매입하는 조약이 체결되었습니다. 러시아는 크림전쟁의 패배로 인한 재정난과 영국과의 영토 분쟁을 우려해 알래스카 매각을 추진했습니다. 미국은 태평양 진출의 전략적 요충지를 확보하고, 영국령 캐나다를 견제할 목적으로 알래스카를 매입했지만 당시 대다수 미국 국민들은 쓸모없는 동토를 비싼 돈 주고 샀다며 비난했습니다.

하지만 알래스카 매입 후 금광, 석유, 천연가스 등 막대한 천연자원이 발견되면서 미국의 중요한 경제적 자산이 되었습니다. 또한 냉전 시대에는 소련을 견제하는 군사적 요충지 역할을 수행했습니다. 당시에는 비난받았지만 장기적으로는 미국에 엄청난 이익을 가져다준 '선견지명'의 사례로 평가받고 있습니다.

오늘의 한마디

진정한 가치는 당장의 시선이 아닌,
미래를 내다보는 혜안에서 찾을 수 있다.

03

OCTOBER

자만에 대한 대가는 반드시 치르게 된다.

You always pay
for hubris.

칼 아이칸 Carl Icahn

오늘의 한마디

시장에서 지나친 자신감은 곧 파멸로 연결된다. 특히 최근처럼 환경이 복잡할 때 확신이 강할수록 함정에 빠지기 쉽다. 겸손하게 불확실성을 인정하고 리스크를 관리하는 태도가 필요하다. 이길 때 자만하지 않는 투자자만이 오래 버틸 수 있다. 교만은 자산을 빼앗아 가고, 겸손은 자산을 지켜준다.

31

MARCH

미국, 제약 산업 혁신 촉진 법안 통과

1977년 3월 31일, 미국 정부가 신약 개발과 연구를 활성화하기 위해 제약 산업에 대한 규제를 완화하고 인센티브를 제공하는 법안을 통과시켰습니다. 이 법안은 제약 회사들의 혁신 경쟁을 촉진하여 미국이 바이오 제약 분야의 글로벌 리더로 성장하는 중요한 발판이 되었습니다.

이는 정부의 정책 지원이 민간 부문의 기술 혁신을 이끌어 산업 전체의 경쟁력을 강화하는 원동력이 될 수 있음을 보여줍니다.

오늘의 한마디

혁신은 규제가 아닌
지원을 통해 꽃을 피운다.

02

OCTOBER

투자는 보기만큼 어렵지 않다. 성공적인 투자는 극히 소수의 옳은 행동과 치명적 실수의 회피에 달려 있다.

Investing is not nearly as difficult as it looks. Successful investing involves doing a few things right and avoiding serious mistakes.

존 보글 John Bogle

오늘의 한마디

화려한 전략보다 중요한 건 소수의 핵심 원칙을 꾸준히 지키는 것이다. 장기 투자, 적립식 분산, 비용 절감 같은 단순한 원칙만 지켜도 안정적인 성과를 얻을 수 있다. 반대로 레버리지 과도 사용, 충동 매매 같은 치명적 실수가 단번에 자산을 무너뜨릴 수 있다. 투자의 성패는 복잡한 기술이 아니라 단순한 지혜에 달려 있다.

365 Days of Economics

4

APRIL

01

OCTOBER

투자자가 가장 많이 저지르는 실수는 현재만 보고 투자한다는 것이다. 기회가 어디로 가는지 미래를 봐야 한다.

The biggest mistake investors make is they invest in the present rather than forward looking and looking at where the puck is going instead of where the puck is.

스탠리 드러켄밀러 Stanley Druckenmiller

오늘의 한마디

지금 잘나간다고 해서 미래에도 강세를 이어가리란 보장은 없다. 진정한 기회는 이미 반영된 현재가 아니라 앞으로 이동할 지점에 있다. 기술 혁신, 인구 변화, 정책 방향 같은 중장기 요인을 보면서 준비해야 한다. 오늘의 뉴스가 아닌 내일의 구조적 변화를 읽는 눈이 장기 성과를 결정한다.

APRIL

투자할 준비가 되었다면 5학년 어린이가 지루해하지 않도록 설명할 수 있어야 한다.

If you're prepared to invest, you should be able to explain it so a fifth-grader won't get bored.

피터 린치 Peter Lynch

오늘의 한마디

복잡하게 포장된 투자 아이디어일수록 위험할 수 있다. 경제 용어나 수식으로만 설명되는 투자는 본질을 감추고 있을 가능성이 크다. 사업 모델과 수익 구조가 단순할수록 투자자가 본질을 제대로 이해하고 있다는 증거이다. 복잡한 금융 상품과 테마 투자가 넘쳐나는 시대에는 '쉽게 말할 수 있는지'가 중요한 판단 기준이 된다.

365 Days of Economics

10

OCTOBER

02

APRIL

3년간 전략이 통하지 않으면 실제로 10년은 늙는다.

If you have a three-year period where something doesn't work, it ages you a decade.

클리프 애스니스 Cliff Asness

오늘의 한마디

시장은 언제나 한 전략에 오래 보상하지 않는다. 최근 몇 년간 가치주, 성장주, 기술주가 번갈아 가며 유리해진 것이 그 예이다. 특정 전략이 몇 년간 부진하더라도 완전히 틀렸다고 단정할 수는 없다. 하지만 변화가 길어질수록 정신적·재무적 고통이 커지므로 적절한 리밸런싱이 필요하다. 장기 원칙을 지키되, 환경 변화에 유연하게 대응해야 살아남을 수 있다.

30
SEPTEMBER

미국, 세계 최초 상업 수력발전소 가동

1882년 9월 30일, 미국 위스콘신주 애플턴의 폭스강에서 세계 최초의 상업용 수력발전소인 '폭스 리버(Fox River)' 발전소가 가동을 시작했습니다. 이 발전소는 토머스 에디슨(Thomas Edison)의 특허를 기반으로 만들어졌으며, 종이 공장과 주변 건물에 전기를 공급했습니다. 폭스 리버 발전소의 가동은 인류가 물의 힘을 전기로 전환하여 대규모로 활용하는 새로운 시대의 서막을 열었습니다. 이는 화석연료에 의존하던 에너지 시스템에 대안을 제시하며, 전력 산업의 역사적인 전환점이 되었습니다.

세계 최초 수력발전소는 자연의 힘을 동력원으로 활용하는 지속 가능한 에너지 기술의 중요성을 일깨워줍니다. 이는 현대의 재생에너지 개발과 환경 문제 해결을 위한 노력의 뿌리가 되었으며, 기술 혁신이 인류의 삶을 어떻게 변화시킬 수 있는지 보여주는 사례입니다.

오늘의 한마디

물 한 방울이 세상을 밝히는 힘이 된다.

03

APRIL

개인 투자자는 언제나 투기꾼이 아니라 투자자여야 한다.

The individual investor should act consistently as an investor, not as a speculator.

벤저민 그레이엄 Benjamin Graham

오늘의 한마디

장기적이고 안정적인 가치를 축적하는 것이 투자이고 단타 매매, 레버리지 등 과도한 거래로 단기간에 시세차익을 극대화하려는 목적은 투기에 가깝다. 투자는 가치를 보고 투기는 가격을 쫓는다. 어떤 상황에서도 단기 욕심이 아니라 장기 원칙에 따라야 한다.

29

SEPTEMBER

미국, 펀딩 프로그램 발표

2023년 9월 29일, 미국 상무부는 'CHIPS for America' 법에 따라 3억 달러 미만의 반도체 소재 및 장비 시설 건설과 확장, 현대화를 위한 두 번째 자금 지원 계획을 발표했습니다. 이 프로그램은 반도체 공급망 강화를 목표로 하며, 미국의 기술 리더십을 강화하고 반도체 산업 생태계를 지원하기 위한 중요한 정책적 결정입니다. 특히, 대규모 공장뿐만 아니라 중소 규모의 공급망 기업까지 지원 범위를 확대했다는 점에서 의미가 있습니다.

이는 미국이 반도체 기술 자립과 공급망 안정화를 국가 안보 차원에서 접근하고 있음을 시사합니다. 이러한 정책은 글로벌 반도체 시장의 지형을 변화시키고, 관련 기업들의 투자 전략에도 큰 영향을 미칠 것입니다.

오늘의 한마디

기술 패권은 정책적 지원과 함께 자란다.

04

APRIL

투자에서 가장 위험한 네 단어는 '이번에는 다르다'이다.

The four most dangerous words in investing are 'This time it's different.'

존 템플턴 John Templeton

오늘의 한마디

새로운 기술과 혁신이 등장할 때마다 사람들은 늘 이번만큼은 다르다고 믿는다. 그러나 역사는 반복되고, 시장 사이클과 인간의 심리는 변하지 않는다. 금융 위기, 버블은 형태만 바뀔 뿐 근본은 동일하다. AI 열풍 또한 이 함정에서 자유롭지 않다. 투자자는 '이번엔 다르다'는 말을 들을수록 전통적 원칙에 귀 기울여야 한다.

28
SEPTEMBER

넷뱅크 파산

2007년 9월 28일, 미국 최초의 인터넷 은행 중 하나였던 넷뱅크(NetBank)가 서브프라임 모기지 사태의 여파로 파산했습니다. 부실한 주택담보대출과 장단기 금리 역전에 따른 유동성 위기가 주된 원인이었습니다. 이는 비은행권 금융회사의 파산이 아닌, 연방정부 인가를 받은 은행이 파산한 첫 번째 사례였습니다. 이 사건으로 인해 서브프라임 모기지 부실이 금융 시스템 전반으로 확산될 수 있다는 우려가 커졌습니다.

넷뱅크의 파산은 주택시장 침체가 인터넷 은행과 같은 금융 혁신 기업에도 직접적인 타격을 줄 수 있음을 보여주었습니다. 또한, 금융 시스템의 건전성을 위해 은행의 리스크 관리와 감독의 중요성을 강조했습니다.

오늘의 한마디

혁신의 선두도 부실 앞에서 무너지기 마련이다.

05

APRIL

지식에 대한 투자는
최고의 이자를 낳는다.

An investment in knowledge pays the best interest.

벤저민 프랭클린 Benjamin Franklin

오늘의 한마디

기술 변화와 시장구조가 빠르게 바뀌는 지금, 지식은 단순한 교양이 아니라 생존 도구이다. 재무제표 해석, 새로운 산업 이해, 글로벌 동향 파악은 모든 투자자의 필수 역량이다. 단기 종목 추천에 의존하기보다 스스로 학습한 지식이 장기적으로 더 큰 수익을 가져다준다. 시장의 기회는 언제나 준비된 사람에게 돌아온다. 지식에 쏟은 에너지가 복리로 돌아온다는 사실은 불변의 진리이다.

27

SEPTEMBER

구글 창립 기념일

1998년 9월 27일은 세계 최대의 검색엔진 기업 '구글(Google)'의 공식적인 창립 기념일입니다. 래리 페이지(Larry Page)와 세르게이 브린(Sergey Brin)이 스탠퍼드 대학교 기숙사에서 시작한 작은 프로젝트가 오늘날 전 세계를 연결하는 거대 기업으로 성장했습니다. 당시 인터넷 검색 시장에는 수많은 경쟁자가 있었지만, 구글은 '페이지랭크'라는 혁신적인 알고리즘으로 다른 검색엔진보다 정확하고 빠른 결과를 제공했습니다. 이는 인터넷이 단순한 정보의 바다에서 유용한 정보를 얻는 도구로 변화하는 계기가 되었습니다.

구글의 성공은 기업의 혁신적인 기술이 어떻게 인류의 삶과 산업 전체를 바꿀 수 있는지 보여주며, 기술 발전의 속도와 혁신적인 아이디어가 얼마나 중요한지 강조합니다.

오늘의 한마디

혁신은 가장 복잡한 문제를
가장 단순하게 해결하는 데서 시작된다.

06

APRIL

현명한 투자는 가치 투자이다.
즉 지불하는 것보다
더 많은 것을 얻는 것이다.

*All intelligent investing is value investing –
acquiring more than you are paying for.*

찰리 멍거 Charlie Munger

오늘의 한마디

모든 투자의 본질은 가격보다 더 큰 가치를 확보하는 데 있다. 단기적인 유행이나 테마가 아무리 화려해도 본질적 가치가 없다면 투기가 될 뿐이다. 오늘날과 같이 불확실성이 큰 환경에서 가장 중요한 것은 '가치 대비 가격'이라는 간단한 원칙이다. 현명한 투자자는 새로운 산업이든 오래된 기업이든 자신이 지불한 가격 이상을 얻을 수 있는지를 먼저 따진다.

26

SEPTEMBER

영국과 중국, 공동선언 가조인

1984년 9월 26일, 영국과 중국은 홍콩의 주권 이양 문제를 해결하기 위한 공동선언에 가조인했습니다. 이 협정은 1997년 7월 1일에 홍콩의 주권이 영국에서 중국으로 반환된다는 내용을 명시했습니다. 이는 150년 가까이 이어진 영국의 홍콩 통치를 공식적으로 종식시키고, 홍콩이 중국의 '일국양제' 원칙 아래 특별행정구로 편입되는 새로운 시대를 열었습니다. 이는 국제정치와 외교사에서 중요한 사건으로 기록됩니다.

홍콩 반환 협정은 한 지역의 운명이 국제 관계와 강대국의 이해관계에 따라 결정될 수 있음을 보여줍니다. 또한, 자본주의 체제를 유지하는 홍콩이 사회주의 체제의 중국과 공존해야 하는 복잡한 정치·경제적 과제를 남겼습니다.

오늘의 한마디

역사의 거대한 흐름 앞에서
한 도시의 운명이 결정되다.

07

APRIL

인생과 비즈니스에서 두 가지 치명적 죄가 있다. 첫째는 생각 없이 성급히 행동하는 것이고, 둘째는 아무 행동도 하지 않는 것이다.

In life and business, there are two cardinal sins. The first is to act precipitously without thought and the second is to not act at all.

칼 아이칸 Carl Icahn

오늘의 한마디

극단은 언제나 위험하다. 깊은 분석 없이 서두르면 실수를 하고, 반대로 분석만 하다가 아무것도 하지 않으면 기회를 잃는다. 시장은 늘 불확실하지만, 준비된 분석과 판단을 토대로 행동해야 한다. 특히 위기 상황에서는 지나친 지체가 기회를 날려버린다. 현명한 투자자는 성급함과 방관 사이에서 균형을 유지하는 법을 배워야 한다.

25
SEPTEMBER

모토로라 설립

1928년 9월 25일, 미국 시카고에서 폴 갤빈(Paul Galvin)과 조지프 갤빈(Joseph Galvin) 형제가 '갤빈 제조 회사(Galvin Manufacturing Corporation)'를 설립했습니다. 이후 1947년에 회사 이름을 '모토로라(Motorola)'로 공식 변경했습니다. 모토로라는 자동차 라디오, 워키토키, 그리고 세계 최초의 휴대전화인 '다이나택(DynaTAC)' 등을 개발하며 통신 기술의 역사를 새로 썼습니다. 모토로라의 설립은 현대 통신 산업의 중요한 시작점이 되었으며, 무선통신의 미래를 개척했습니다.

하나의 기업이 끊임없는 기술 혁신과 선구적인 비전을 통해 시대를 초월하는 영향력을 가질 수 있는지 보여준 모토로라의 역사는 기술 발전의 흐름을 읽는 것이 성공의 열쇠라는 교훈을 남겼습니다.

오늘의 한마디

새로운 발상은 시대를 움직이는 힘이다.

08

APRIL

세상의 많은 곳에서 수익성에 신경 쓰지 않는다는 사실이 놀랍다.

It is amazing how in the rest of the world
no one really seems to care about profitability.

줄리언 로버트슨 Julian Robertson

오늘의 한마디

최근 몇 년간 많은 스타트업과 기술 기업이 화려한 성장성만을 내세웠다. 그러나 수익성이 없는 기업은 시장에서 빠르게 퇴출되고 있다. 결국 장기적으로 생존하는 기업은 매출이 아니라 이익을 창출하는 회사이다. 투자자는 매출 성장률보다 '흑자 전환 시점'과 '안정적 현금 흐름'을 우선적으로 살펴야 한다. 화려함보다 수익성이야말로 진짜 경쟁력이다.

24

SEPTEMBER

혼다 모터스 창립

1948년 9월 24일, 일본의 기업가 혼다 소이치로(本田宗一郎)가 혼다 모터스를 설립했습니다. 이는 제2차 세계대전 패배 이후 일본의 재건과 함께 세계적인 기업으로 성장할 자동차 회사의 첫걸음이었습니다. 전쟁의 폐허 속에서 설립된 혼다는 자전거에 장착하는 보조 엔진을 시작으로, 저렴하고 효율적인 모터사이클을 생산하며 일본 사회의 이동 수단 혁신을 이끌었습니다. 이는 일본 경제 부흥의 상징적인 사례로 평가받습니다.

혼다는 오늘날 세계적인 자동차 및 모터사이클 제조업체로 끊임없는 기술 혁신과 도전 정신을 보여주는 기업입니다. 혼다의 이야기는 절망적인 상황 속에서도 기술과 열정으로 새로운 가치를 창출할 수 있다는 메시지를 전달합니다.

오늘의 한마디

황량했던 시대에 작은 엔진으로 시작된 꿈은
전 세계의 도로를 달리는 거대한 발자국이 되었다.

09

APRIL

역사는 시장 위기가 불가피하고 고통스럽지만 결국 극복 가능한 것임을 가르쳐준다.

History provides a crucial insight regarding market crises: they are inevitable, painful and ultimately surmountable.

셸비 컬룸 데이비스 Shelby Cullom Davis

오늘의 한마디

금융 위기, 닷컴버블, 팬데믹 등 시장은 수많은 충격을 반복해왔다. 위기는 늘 파괴적이었지만 시장은 더 높이 회복했다. 오늘날의 인플레이션, 지정학적 긴장, 경기 침체 우려도 결국에는 같은 궤적을 따를 것이다. 여기서 중요한 건 위기의 고통 속에서 기회를 포착할 준비가 되어 있느냐이다. 침체는 두렵지만 동시에 미래의 불균형적인 수익 기회를 만들어낸다.

23

SEPTEMBER

일본, 추분의 날
일본 증권 시장 휴장의 날

추분의 날(秋分の日)은 일본의 국경일로, 매년 9월 23일 또는 24일입니다. 낮과 밤의 길이가 같아지는 추분을 기념하며, 조상을 기리고 자연의 순환에 감사하는 날입니다. 추분의 날에는 조상의 묘를 찾아 성묘를 하는 '히간(彼岸)'이라는 전통이 이어집니다. 이는 여름이 끝나고 가을이 시작되는 시점에서 수확의 풍요로움을 조상에게 보고하고 감사를 표하는 의미를 담고 있습니다. 또한 가족이 함께 모여 조상을 기리는 중요한 행사입니다.

추분의 날은 '실버 위크'로 여행, 외식, 교통 산업 등이 활성화됩니다. 여름휴가 못지않게 대목을 이루면서 내수 경제를 움직입니다.

오늘의 한마디

일본 증시 휴장, 국제 시장의 일시적 숨고르기.
글로벌 경제의 상호 연결성을 다시 한번 확인하는 날이다.

10

APRIL

사람들은 계산은 너무 많이 하고 생각은 너무 적게 한다.

People calculate too much
and think too little.

찰리 멍거 Charlie Munger

오늘의 한마디

숫자와 지표는 넘쳐나지만 그것만으로는 투자 결정을 할 수 없다. 복잡한 모델을 과도하게 신뢰하는 순간, 본질적 사고가 사라진다. AI, 매크로 데이터, 알고리즘이 대세인 현대일수록 투자자는 '왜 이런 숫자가 나왔는지'를 질문해야 한다. 수학적 정밀성보다 중요한 것은 통찰과 논리적 사고이다. 생각 없이 계산만 하는 투자는 결국 어처구니없는 오류로 이어진다.

22

SEPTEMBER

이란·이라크 전쟁 발발

1980년 9월 22일, 이라크가 이란을 침공하며 이란·이라크 전쟁이 발발했습니다. 이 전쟁은 국경 분쟁과 이념적 대립으로 시작되어 8년간 지속되며 양국에 막대한 피해를 남겼으며, 중동 지역의 안정성을 크게 흔들었습니다. 양국이 막대한 군사비를 소모하고 수많은 인명 피해를 겪었으며, 국제사회는 양측을 오가는 복잡한 외교 관계 속에서 중동 질서의 불안정성을 경험하게 되었습니다. 이란·이라크 전쟁은 이념적 갈등과 국경분쟁이 얼마나 큰 비극을 초래할 수 있는지 보여주는 사례입니다. 국제적인 분쟁 해결을 위해 대화와 외교적 노력이 얼마나 중요한지 강조하며, 무력 충돌의 위험성에 대한 경각심을 일깨웁니다.

오늘의 한마디

역사의 비극은
평화를 위한 노력의 거울이다.

11

APRIL

손실을 평균 내지 마라(물타기 하지 마라).

Never average losses.

셸비 컬룸 데이비스 Shelby Cullom Davis

오늘의 한마디

하락하는 종목을 싸다고 생각해 추가로 매수하는 습관은 큰 손실로 연결될 수 있다. 변동성이 큰 시장에서 잘못된 판단을 고집할수록 더 큰 타격을 받는다. 중요한 건 '내가 틀릴 수도 있다'는 사실을 인정하고 과감히 손절할 수 있는 태도이다. 투자에서 살아남는 사람은 지는 게임을 빨리 멈추는 사람이다. 물타기는 희망이 아니라 스스로 만든 덫이 될 수 있다.

21

SEPTEMBER

영국, 금본위제 폐지

1931년 9월 21일, 영국이 금본위제를 폐지하는 긴급조치를 의회를 통해 통과시켰고, 왕실의 승인을 얻었습니다. 즉 더 이상 파운드화를 금으로 바꿔주지 않겠다고 발표한 것입니다. 이 조치는 대공황 당시 자국 통화의 유연성을 확보하려는 시도 중 하나였으며, 통화정책과 국제금융 시스템에 큰 변화를 불러왔습니다.

세계금융의 중심지였던 영국이 금본위제를 포기하면서 다른 나라들도 금본위제 유지에 회의를 갖게 되었고, 이어 많은 나라들이 순차적으로 금본위제를 포기하면서 국제통화체제는 변동환율체제에 가까워졌습니다. 또한 파운드화의 신뢰도가 하락하면서 이후 국제통화질서는 점차 미국 달러 중심으로 재편되는 계기가 되었습니다.

오늘의 한마디

위기 시에는 통화정책의 자율성이
경기 회복에 필수적이다.

12

APRIL

투자자에게 중요한 것은 과거 수익률이 아니라 미래의 수익률이다.

It is not the profit margins of the past but those of the future that are basically important to the investor.

필립 피셔 Philip Fisher

오늘의 한마디

화려했던 과거 실적에 끌려 투자하는 것은 흔히 볼 수 있는 실수이다. 그러나 미래의 수익 구조가 약화된다면 과거 성과는 아무 의미가 없다. 특히 산업 변화가 빠른 지금, '어제의 승자'는 오늘의 패자가 되기 쉽다. 투자자는 반드시 기업의 미래 성장 동력, 산업 트렌드, 혁신 능력을 평가해야 한다. 과거는 참고일 뿐, 투자는 미래를 보는 안목에서 수익이 결정된다.

20
SEPTEMBER

해트리 그룹 붕괴

1929년 9월 20일, 영국의 유명 투자자 클래런스 해트리(Clarence Hatry)가 이끄는 해트리 그룹이 거액의 사기 및 위조 혐의로 붕괴했습니다. 이 사건으로 런던 증권거래소에서 2,400만 파운드에 달하는 막대한 손실이 발생했으며 시장의 불안감을 크게 키웠습니다. 해트리 그룹의 붕괴는 1929년 월스트리트 대폭락이 발생하기 전, 영국 금융시장의 취약성을 드러낸 중요한 사건입니다. 투기적인 투자와 부정한 거래가 어떻게 금융 시스템의 신뢰를 무너뜨리는지 보여주었습니다.

이 사건은 금융시장의 투명성과 엄격한 규제가 얼마나 중요한지 강조합니다. 당시의 부실한 감시 시스템은 대형 사기를 막지 못했고, 결국 대규모 위기로 이어지는 도화선이 되었습니다.

오늘의 한마디

금융의 투명성은
대형 위기를 막는 방파제이다.

13

APRIL

투자에서 성공하는 공식은 전체 시장을 인덱스 펀드로 사고, 아무것도 하지 않는 것이다. 흔들림 없이 버텨라.

The winning formula for success in investing is owning the entire stock market through an index fund, and then doing nothing. Just stay the course.

존 보글 John Bogle

오늘의 한마디

시장을 이기려는 시도는 대다수 투자자에게 실패로 귀결된다. 반면, 장기적으로 인덱스 펀드는 경제성장과 함께 복리 효과를 제공한다. 특히 지금처럼 변동성이 큰 시기에는 오히려 '아무것도 하지 않는 것'이 최선의 전략일 수 있다. 불필요한 매매로 수익률을 깎아 먹기보다는, 인덱스를 통해 경제 전체의 성장을 공유하는 편이 현명하다. 흔들리지 않는 인내가 진짜 수익으로 이어진다.

19

SEPTEMBER

첫 이모티콘의 탄생

1982년 9월 19일, 컴퓨터 과학자 스콧 팔먼(Scott Fahlman)이 카네기 멜런 대학교의 온라인 게시판에 ':-)' 와 ':-(' 를 사용하자고 제안했습니다. 그는 복잡한 온라인 대화에서 농담과 진지한 표현을 구분하기 위한 방법으로 이모티콘을 고안했습니다. 이 작은 기호들의 조합은 텍스트만으로 이루어진 온라인 소통에 감정을 불어넣는 혁신적인 시작이었습니다. 글자만으로 전달하기 어려운 미묘한 뉘앙스나 감정을 표현할 수 있게 되었고, 이는 오늘날 우리가 사용하는 수많은 이모티콘과 이모지의 기원이 되었습니다. 이모티콘은 단순한 기호를 넘어 디지털 소통 방식에 큰 변화를 가져왔습니다. SNS나 각종 메신저에서 감정 전달 수단으로 발전하면서 수천 억 규모의 부가가치 창출 수단으로 자리 잡았습니다.

오늘의 한마디

단순한 기호들의 조합이 디지털 세상에
감정을 선물하며 새로운 소통의 장을 열다.

14

APRIL

물이 빠지면 그제서야
누가 발가벗고 수영하고 있는지 알 수 있다.

Only when the tide goes out do you learn
who has been swimming naked.

워런 버핏 Warren Buffett

오늘의 한마디

저금리와 풍부한 유동성 시대에는 누구나 투자 성공을 경험할 수 있었지만, 금리가 높아지고 유동성이 줄어들면 차이가 드러난다. 준비 없는 기업과 투자자는 현실에 맨몸으로 노출된다. 기업의 재무 건전성과 투자자의 자금 관리 능력이 시험받는 시기이다. 진짜 실력을 갖춘 사람만이 시장의 물살이 빠졌을 때도 살아남을 수 있다. 위기는 허상을 걷어내고 진정한 실체를 보여주는 무대이다.

18
SEPTEMBER

남북정상회담 개막

2018년 9월 18일, 문재인 대통령과 김정은 위원장이 평양에서 만나 남북정상회담을 개최했습니다. 두 정상들은 군사적 긴장 완화와 더불어 철도 및 산림 등 남북 경제협력에 합의하는 '평양 공동선언'을 채택했습니다. 이는 대북 제재가 지속되는 상황에서도 남북 관계 개선에 대한 강한 의지를 대외적으로 보여준 동시에, 남북 경제협력 관련주가 급등하는 등 즉각적인 경제적 파급 효과를 가져왔습니다.

오늘의 한마디

정치적 대화는 경제의 새로운 지평을 여는 중요한 열쇠이다.

15

APRIL

모든 주식 뒤에는 기업이 있다.
그 기업이 무엇을 하고 있는지 알아보라.

Behind every stock is a company.
Find out what it's doing.

피터 린치 Peter Lynch

오늘의 한마디

많은 투자자가 숫자와 차트만 보고 종목을 고르지만, 진정한 투자는 기업의 사업 내용과 성장 가능성에 대한 이해에서 출발한다. 많은 변수가 존재하는 시장이라면 기업 분석이 더욱 중요해진다. 경영진, 제품, 산업 동향 등 기업을 깊이 들여다보면 흔들림 없는 투자 판단을 할 수 있다.

17

SEPTEMBER

남북한 유엔 동시 가입

1991년 9월 17일, 대한민국과 조선민주주의인민공화국이 유엔에 동시 가입했습니다. 이는 남북한이 국제사회에서 별개의 독립된 주권국가임을 공식적으로 인정받은 역사적인 사건입니다. 또한 냉전 체제가 해체되면서 남북 관계에 새로운 전환점을 마련했습니다. 과거에는 서로를 유일한 합법 정부로 주장하며 단독 가입을 추진했지만, 현실적인 외교 상황을 인정하고 동시에 유엔 회원국이 되면서 국제적인 협력의 문을 열었습니다.

남북한 유엔 동시 가입은 대화와 협력을 통해 평화적인 공존을 모색해야 한다는 국제사회의 메시지를 담고 있습니다. 이는 오늘날에도 한반도 평화 프로세스에서 중요한 상징적 의미를 가지며, 국제 질서 속에서 남북한이 어떻게 공존해야 할지에 대한 과제를 제시하고 있습니다.

오늘의 한마디

다시 나뉜 두 길이 하나의 문을 통과하며,
서로를 향한 인정과 평화의 발걸음을 내딛을 수 있다.

16

APRIL

큰돈은 사고파는 데 있는 것이 아니라 기다리는 데 있다.

The big money is not in the buying and the selling, but in the waiting.

찰리 멍거 Charlie Munger

오늘의 한마디

많은 투자자들이 매수와 매도 타이밍을 찾느라 지쳐버린다. 하지만 진정한 부는 인내에서 나온다. 기업이 내재 가치를 드러내기까지는 시간이 필요하며, 그 시간을 견디지 못하면 큰 수익도 얻지 못한다. 변동성이 클수록 성급함보다는 기다림이 차별화된 성과를 가져다준다. 좋은 기업을 찾았다면 초조함을 줄이고 시간을 친구로 삼아야 한다.

16

SEPTEMBER

영국의 '블랙 웬즈데이'

1992년 9월 16일, 영국 파운드화가 유럽 통화제도(EMS)의 일환으로 도입된 '환율 조정 메커니즘(ERM)'에서 탈퇴한 날입니다. 투기 세력이 파운드화 가치 하락에 베팅하면서 영국 중앙은행이 막대한 외화를 투입해 파운드화를 방어하려 했으나 결국 실패했습니다. 이로 인해 영국 경제는 큰 혼란을 겪었으며 '블랙 웬즈데이(Black Wednesday)'라고 불립니다. 이 사건은 영국의 통화정책이 실패했음을 상징적으로 보여주었으며, 당시 유럽의 통합 통화 시스템에 대한 회의론을 불러일으켰습니다.

블랙 웬즈데이는 국제 금융시장에서 환율 변동과 투기 세력의 영향력이 얼마나 막대한지 보여줍니다. 이는 오늘날에도 금융시장의 예측 불가능성과 정부의 통화 정책 실패 가능성에 대한 깨달음을 던져줍니다.

오늘의 한마디

견고해 보이던 시스템도 시장의 거대한 흐름
앞에서는 한순간에 흔들릴 수 있다.

17

APRIL

투자자에게 가장 중요한 자질은 지성이 아니라 기질이다.

The most important quality for
an investor is temperament, not intellect.

워런 버핏 Warren Buffett

오늘의 한마디

투자 성과를 갈라놓는 것은 뛰어난 IQ가 아니라 감정 조절 능력이다. 공포에 휘둘리지 않고, 탐욕에 휩쓸리지 않으며, 규율을 지킬 수 있는 기질이 있어야 한다. 뉴스와 변수가 폭풍처럼 몰아치는 환경에서는 차분함이 최고의 무기가 된다. 똑똑한 분석가보다 흔들리지 않는 투자자가 결국 성과를 가져간다. 투자의 본질은 지식 게임이 아니라 심리 게임이다.

15
SEPTEMBER

연금 인식의 날

연금 인식의 날(Pension Awareness Day)은 국민들이 은퇴 후의 삶을 위한 연금의 중요성을 인식하고, 자신의 연금 계획을 점검하도록 독려하는 날입니다. 영국, 캐나다 등 여러 국가에서는 매년 9월 15일을 '연금 인식의 날'로 지정하여 다양한 캠페인과 교육 프로그램을 진행하고 있습니다. 이날은 복잡하게 느껴지는 연금제도를 쉽게 이해시키고, 젊은 세대부터 은퇴를 앞둔 세대까지 모두가 적극적으로 노후를 준비하도록 돕는 데 의의가 있습니다. 이를 통해 개인의 재정적 안정뿐만 아니라 국가 전체의 사회보장 시스템을 강화하는 데 기여합니다.

고령화 사회가 심화되면서 연금은 더욱 중요한 이슈로 부각되고 있습니다. 연금 인식의 날은 개인이 스스로 미래를 책임지는 능동적인 태도를 갖게 하고, 장기적인 관점에서 재정계획을 세우는 것의 중요성을 거듭 강조합니다.

오늘의 한마디

오늘 시작하는 연금은
내일의 나를 위한 가장 확실한 투자다.

18

APRIL

주식시장은 참을성 없는 사람에게서 참을성 있는 사람에게 돈을 이전하는 장치이다.

The stock market is a device for transferring money from the impatient to the patient.

워런 버핏 Warren Buffett

오늘의 한마디

단기적 등락에 흔들리는 투자자는 수익을 내지 못한다. 지금처럼 변동성이 큰 장세에서는 인내심이 큰 무기가 된다. 좋은 기업을 찾았다면 가격이 흔들려도 장기적인 가치 실현을 기다려야 한다. 시장은 조급한 자의 돈을 끈기 있는 자에게 옮겨주는 과정임을 잊지 말아야 한다.

14

SEPTEMBER

노던 록 은행, 뱅크런 발생

2007년 9월 14일, 영국의 노던 록 은행(Northern Rock)이 유동성 위기에 빠졌다는 소문이 돌자 예금자들이 앞다투어 돈을 인출하는 '뱅크런(Bank Run)' 사태가 발생했습니다. 140여 년 만에 영국에서 일어난 첫 뱅크런으로, 글로벌 금융 위기의 시작을 알리는 신호탄이 되었습니다. 이 사건은 미국발 서브프라임 모기지 사태가 영국 금융 시스템으로 확산되었음을 보여주는 상징적인 사건이었습니다. 또한 금융시장의 취약성과 대중의 공포 심리가 금융기관을 얼마나 빠르게 붕괴시킬 수 있는지 여실히 증명했습니다.

이 사태는 금융 시스템에서 '신뢰'가 얼마나 중요한 요소인지 다시 한번 강조합니다. 또한 영국 정부와 중앙은행이 이후 금융 위기를 막기 위해 은행에 대한 규제와 감독을 강화하는 계기가 되었습니다.

오늘의 한마디

금융의 위기는 신뢰의 상실에서 시작된다.

19

APRIL

남들이 실수하는 지점을 피하는 것이 투자 성공의 중요한 첫걸음이다.

Avoiding where others go wrong is an important step in achieving investment success.

세스 클라먼 Seth Klarman

오늘의 한마디

성공 공식보다 중요한 것은 치명적인 실수를 피하는 일이다. 고평가된 자산에 무리하게 뛰어들거나, 빚을 지고 단기 투기에 나서는 것이 대표적인 위험이다. 금리 부담이 커지고 변동성이 심한 시장에서 이런 실수는 빠른 파산으로 이어질 수 있다. 경쟁보다 남들의 함정을 피하는 것이 장기 생존의 열쇠이다. 투자에서 살아남는 것이 곧 성공의 시작이다.

13

SEPTEMBER

부부 어음 사기 사건

1982년에 발생한 대규모 경제 범죄 사건으로, 전두환 대통령의 처삼촌인 이규광의 처제 장영자가 남편 이철희와 함께 기업들로부터 거액의 어음을 받아 사채시장에 유통시킨 사건입니다. 당시 피해 금액은 약 7천억 원에 달해 '단군 이래 최대 금융 사기'로 불렸습니다. 이 사건은 정권 실세의 인척이 개입된 권력형 비리라는 점에서 큰 충격을 주었으며 기업들의 연쇄 도산 위기를 초래했고, 제5공화국의 도덕성에 치명적인 타격을 입혔습니다.

이는 사회의 부조리와 권력형 비리가 만연했던 시대상을 보여줍니다. 이 사건을 계기로 금융실명제 도입의 필요성이 강력하게 제기되었으며, 정부의 금융 개혁 조치(6·28 조치)가 시행되는 배경이 되었습니다.

오늘의 한마디

권력과 결탁한 부패는
사회 전체의 신뢰를 무너뜨린다.

20
APRIL

희망으로 사는 자는 절망으로 죽지만, 신중한 투자자는 분석으로 산다.

He who lives by hope will die by despair
— but a prudent investor lives by analysis.

벤저민 그레이엄 Benjamin Graham

오늘의 한마디

막연한 기대감에 의존한 투자는 극심한 변동성에 쉽게 무너진다. 인플레이션, 금리, 기업 실적 등 현실적 데이터를 기반으로 검증된 분석만이 안정적인 투자를 가능하게 한다. 단순한 꿈이나 유행은 시장에서 오래가지 못한다. 신중한 분석은 단기 기회를 놓치더라도 장기적 손실을 피하게 해준다. 희망 대신 분석에 기초할 때 투자자는 생존력을 가질 수 있다.

12

SEPTEMBER

리먼 브라더스 주가 폭락

2008년 9월 12일, 미국의 대형 투자은행인 리먼 브라더스(Lehman Brothers)의 주가는 전날보다 13.5% 하락한 3.65달러로 장을 마감했습니다. 리먼 브라더스는 이틀 뒤인 15일 파산을 신청했습니다. 이로 인해 전 세계 금융시장이 패닉에 빠졌고, 글로벌 금융 위기가 본격화되었습니다. 리먼 브라더스의 파산은 서브프라임 모기지 사태로 시작된 금융 위기의 상징적인 사건입니다. 이 사건은 금융 시스템 내의 거대 리스크가 국가를 넘어 전 세계로 확산될 수 있음을 보여줍니다. 금융 규제의 필요성과 함께 위기 발생 시 국제 공조의 중요성을 강조하는 역사적 교훈을 남겼습니다.

오늘의 한마디

거대 금융기관의 몰락이
전 세계 금융시장을 뒤흔들 수 있다.

21

APRIL

모든 조건이 유리할 때만 시장에 임하라.
항상 이기는 사람은 없다.

Play the market only when all factors are in your favor. No person can play the market all the time and win.

제시 리버모어 Jesse Livermore

오늘의 한마디

매번 시장 참여의 타이밍을 잡을 수는 없다. 불확실성이 많은 국면에서는 무리하게 '매번 이기려는 게임'을 해서는 안 된다. 기회를 기다리고 조건이 맞을 때만 집중적으로 투자하는 것이 현명하다. 빈번한 거래는 오히려 손실 확률만 높인다. 좋은 기회가 올 때까지 현금을 지키는 것도 충분히 전략이 될 수 있다.

11

SEPTEMBER

9·11 테러 발생

2001년 9월 11일, 이슬람 극단주의 테러 단체 알카에다가 납치한 항공기 4대를 이용해 미국 뉴욕의 세계무역센터와 워싱턴 D.C.의 펜타곤을 공격한 사건입니다. 이로 인해 수천 명의 무고한 시민들이 사망하고, 세계무역센터 쌍둥이 빌딩이 무너지는 등 막대한 피해가 발생했습니다. 이 사건은 전 세계적으로 안보의식을 강화하고, 공항 검색대와 같은 일상적인 보안 절차가 강화되는 결과를 낳았습니다.

9·11 테러는 국제사회의 평화와 안보가 얼마나 취약할 수 있는지를 보여주는 사례입니다. 또한 테러리즘이라는 비대칭 위협에 대한 지속적인 경각심을 일깨우고 민주주의와 인권, 종교적 관용의 가치를 지키는 것이 얼마나 중요한지 강조합니다.

오늘의 한마디

한순간의 폭력이 남긴 상처는 영원히 기억될 것이다.
평화는 잊지 않는 것에서 시작된다.

22

APRIL

매일 어떤 자산을 보유하기로 결정하는 것은 그 자산을 다시 사기로 결정하는 것과 같다.

I have always believed that every day you choose
to hold an asset, you are also choosing to buy it.

샘 젤 Sam Zell

오늘의 한마디

보유 자산을 계속 들고 가는 것은 암묵적으로 매일 새로 매수하는 것과 같다. 따라서 '왜 이 자산을 계속 들고 있는가'를 스스로 점검해야 한다. 지금도 충분히 매력적인지, 아니면 과거의 감정 때문에 붙잡고 있는지 구별해야 한다. 보유 결정이 곧 투자 재점검이라는 태도를 가질 때 자산 포트폴리오는 건강하게 정리된다.

10
SEPTEMBER

대한민국 임시 헌법 공포

1919년 9월 10일, 대한민국 임시정부가 중국 상하이에서 대한민국 임시 헌법을 공포했습니다. 이 헌법은 대한민국의 주권이 국민에게 있음을 명시하고, 민주공화제의 토대를 마련했습니다. 임시 헌법은 일제강점기 속에서 독립을 향한 염원과 민주주의 국가 건설의 의지를 대내외에 천명한 중요한 사건이었습니다. 이는 망명정부가 아닌 주 국가로서의 정통성을 확립하려는 노력의 결실이었습니다. 또한 식민지 수탈 구조를 거부하고 경제적 자립을 목표로 한 선언이기도 합니다.

임시 헌법은 오늘날 대한민국 헌법의 뿌리가 되었으며, 대한민국이 자유민주주의 국가로 발전하는 데 중요한 정신적 토대가 되었습니다. 이는 국가의 정통성이 국민의 주권에서 비롯된다는 사실을 다시 한번 시사합니다.

오늘의 한마디

나라의 주권은 국민에게 있고,
그 뜻은 헌법에 담겨 길잡이가 된다.

23

APRIL

젊고 경험이 부족한 투자자는 노련한 투자자보다 타고난 이점이 있다. 바로 시간이다.

Any young, inexperienced investor has a built-in advantage over a mature sophisticated investor: Time.

셸비 컬룸 데이비스 Shelby Cullom Davis

오늘의 한마디

금융 지식이나 경험이 부족하더라도 젊은 세대는 '시간'을 자본으로 가지고 있다. 복리 효과는 장기간 투자할수록 기하급수적으로 강력해진다. 특히 새로운 산업과 기술이 성장하는 시점에서 일찍 시장에 참여한다면 엄청난 기회가 될 수 있다. 경험 부족보다 중요한 것은 시작을 늦추지 않는 것이다. 시간이라는 강력한 무기를 활용하는 것이 젊은 투자자의 압도적 장점이다.

09

SEPTEMBER

조선민주주의인민공화국 수립

1948년 9월 9일, 소련군 점령 지역에서 김일성을 수반으로 '조선민주주의인민공화국(북한)'이 공식적으로 수립되었습니다. 이는 8월 15일 대한민국 정부 수립에 이어 남북한 분단 고착화를 낳은 결정적인 사건이었습니다. 북한의 건국은 한반도가 두 개의 독립된 국가로 나뉘어 체제 경쟁을 벌이는 냉전 시대의 서막을 열었습니다. 이는 삼팔선을 경계로 이념적 대립을 심화시켰고, 2년 후 한국전쟁으로 이어지는 비극적인 역사의 배경이 되었습니다.

이 사건은 한반도의 분단 현실과 그로 인해 발생한 정치적·경제적·사회적 문제들을 이해하는 출발점입니다. 또한 남북 관계의 복잡성을 상기시키며, 평화 통일의 중요성과 함께 미래를 위한 지속적인 대화와 협력의 필요성을 강조합니다.

오늘의 한마디

분단의 역사는 다름을 이해하고,
평화를 향한 희망을 포기하지 않을 때 비로소 극복될 수 있다.

24

APRIL

다음 달 걱정보다는 18개월에서 2년 후를 걱정하라.

Don't worry about next month. Let's worry about 18 months to two years from now.

제프리 건들락 Jeffrey Gundlach

오늘의 한마디

단기적 지표와 뉴스에 흔들리다 보면 장기 추세를 놓칠 수 있다. 경제와 시장은 본질적으로 느리게 움직이며, 큰 변화는 1~2년에 걸쳐 드러난다. 경기 둔화와 금리 환경도 단기 잡음보다 장기 전개를 바라보아야 한다. 앞으로의 사이클을 읽고 대응 전략을 세울 때 안정적인 수익이 가능하다. 눈앞의 변동성보다 중기적 비전을 고민하는 습관이 필요한 때이다.

08

SEPTEMBER

CO2 활용 폐기물 자원 회수 기술 개발

2023년 9월, 권일한 한양대 교수가 열화학 공정 이산화탄소를 이용해 폐기물에서 유용 자원을 회수하는 친환경 기술 개발 공로로 '이달의 과학기술인'에 선정되었습니다. 이는 과학적 성과를 넘어 산업 부산물인 CO_2를 탄소원으로 활용하여 자원을 순환시키는 친환경 경제 순환 모델을 제시했습니다.

친환경 모델 개발은 환경문제 해결과 함께 미래 성장 동력 확보 및 관련 산업에 대한 투자 및 일자리 창출 가능성을 높인다는 긍정적 시사점이 있습니다.

오늘의 한마디

폐기물 속에서 미래 경제의 보석을 발견하여
성장 동력을 확보하다.

25

APRIL

시장은 결코 틀리지 않는다.
오히려 의견이 자주 틀린다.

Markets are never wrong
– opinions often are.

제시 리버모어 Jesse Livermore

오늘의 한마디

주가는 언제나 그 시점까지 반영된 사실과 감정의 총합이다. 틀린 것은 시장이 아니라 그것을 해석하는 인간의 확신이다. 정보가 넘쳐나는 시대일수록 자신의 의견이 절대적이라고 착각하기 쉽다. 그러나 시장은 냉정하게 진실을 보여주고, 투자자는 그 앞에서 늘 겸손해야 한다. 자만을 버리고 시장의 신호를 경청할 때 기회를 잡을 수 있다.

07

SEPTEMBER

최초의 실용 텔레비전 발명

1927년 9월 7일, 미국의 발명가 파일로 판즈워스(Philo Farnsworth)가 세계 최초로 완전한 전자식 텔레비전 시스템을 발명하고, 이미지를 전송하는 데 성공했습니다. 이 발명은 인류의 시청각 경험을 혁명적으로 바꾸는 중요한 출발점이 되었습니다. 이후 텔레비전은 라디오를 대체하는 대중매체의 중심으로 자리 잡았고, 정보 전달과 엔터테인먼트 산업의 판도를 바꾸었습니다.

'TV의 아버지'라고 불리는 판즈워스의 발명은 오늘날 스마트 TV, OTT(온라인 동영상 서비스) 등으로 이어지는 영상 콘텐츠 산업의 근간이 되었습니다. 이 사건은 한 명의 천재적인 아이디어가 어떻게 세상을 바꾸고, 새로운 산업을 창출하는지 보여줍니다.

오늘의 한마디

시대의 혁신은
새로운 세상을 보는 눈을 열어준다.

26

APRIL

열 번째로 좋은 종목을 사기보다 최고의 종목을 더 사는 것이 낫다.

Why would you possibly want to buy your tenth best idea if you can buy more of your best idea?

브루스 버코위츠 Bruce Berkowitz

오늘의 한마디

많은 종목에 투자한다고 해서 성과가 보장되지는 않는다. 오히려 분산에 매몰되면 확실히 좋은 종목의 성과를 희석시킬 수 있다. 불확실한 국면에서는 자신 있는 투자 기회에 집중하는 편이 현명하다. '최고의 확신'을 가진 아이디어에 자원을 더 투입하는 것이 장기적으로 큰 차이를 만든다. 분산보다 선택과 집중이 전략이 될 때 성과가 극대화된다.

06

SEPTEMBER

미국 양대 주택담보대출기관 파산

서브프라임 모기지 사태로 파산 위기에 몰린 미국 양대 주택담보대출 보증기관인 '페니메이(Fannie Mae)'와 '프레디맥(Freddie Mac)'이 미국 정부의 관리 체제(국유화)에 편입되었습니다. 당시 미국 주택담보대출 시장의 절반 이상을 보증하던 두 기관의 붕괴는 금융 시스템 전체를 마비시킬 수 있었기 때문에 2008년 글로벌 금융위기 확산을 막기 위한 긴급조치가 이루어졌습니다.

이 사건은 민간 금융기관의 과도한 리스크 추구와 도덕적 해이가 어떻게 전 세계적인 경제 위기를 초래할 수 있는지 보여줍니다. 또한 금융 시스템의 안정성을 위해 정부의 역할과 적절한 규제의 필요성을 상기시킵니다.

오늘의 한마디

거대한 기관의 파산은
시장을 넘어선 공공의 위협이다.

27

APRIL

전체 시장을 움직이는 것은 실적이 아니라 연준이다. 중앙은행과 유동성 흐름에 집중하라.

Earnings don't move the overall market; it's the Federal Reserve Board. Focus on the central banks, and focus on the movement of liquidity.

스탠리 드러켄밀러 Stanley Druckenmiller

오늘의 한마디

기업 실적이 주가의 근본을 결정짓지만, 단기적으로 시장 전체를 움직이는 힘은 유동성이다. 금리 인상과 중앙은행의 정책 방향에 따라 투자 자금의 흐름이 크게 요동친다. 연준과 주요 중앙은행의 결정이 전 세계 시장을 좌지우지하는 시기에는 정책 신호를 면밀히 따라야 한다. 시장을 이해하려면 개별 실적뿐 아니라 거시적 유동성 흐름을 읽는 눈이 필요하다.

05

SEPTEMBER

뱁슨의 폭락

1929년 9월 5일, 경제학자 로저 뱁슨(Roger Babson)의 경고 연설 후 뉴욕 증시가 급락한 사건입니다. 당시 시장의 낙관론에 반해 곧 대폭락이 올 것이라는 그의 발언이 투자자들의 불안을 자극하며 대규모 매도세가 이어졌습니다.

뱁슨의 폭락(Babson's Break)은 1929년 10월에 발생한 대공황의 전조로 평가됩니다. 전문가의 경고를 무시했던 시장이 단기적인 충격에 민감하게 반응하면서, 위기 신호에 대한 중요성을 보여주었습니다.

오늘의 한마디

시장의 과도한 낙관론에 흔들리지 않고
냉철하게 미래를 예측하는 지혜가 필요하다.

28
APRIL

쉬울 리가 없다. 그걸 쉽게 생각하는 사람은 어리석은 것이다.

It's not supposed to be easy.
Anyone who finds it easy is stupid.

찰리 멍거 Charlie Munger

오늘의 한마디

시장은 언제나 불확실성과 혼돈 속에 움직이므로 단순하고 쉬운 정답은 존재하지 않는다. 최근처럼 AI·금리·인플레이션·지정학적 리스크가 얽힌 시대에는 더더욱 그렇다. 투자를 쉽게 생각하는 순간 안일함이 방심을 만들고, 그 대가는 곧 손실로 돌아올 것이다. 철저한 공부와 훈련, 인내와 규율이 있어야만 꾸준한 성과를 낼 수 있다. 어려움을 당연하게 받아들일 때 오히려 길이 보인다.

04

SEPTEMBER

내셔널 401(k) 데이

내셔널 401(k) 데이(National 401(k) Day)는 미국에서 노동절(9월 첫째 주 월요일) 직후 첫 금요일로 지정되었습니다. 이날은 직장인들이 은퇴 준비의 핵심 수단인 401(k) 연금제도에 대해 인식을 높이고, 적극적인 재정계획을 세우도록 독려하기 위해 만들어졌습니다. 401(k)는 고용주가 지원하는 퇴직연금으로, 개인의 저축과 회사 매칭 기여금으로 이루어져 노후 자산을 효과적으로 불릴 수 있는 중요한 도구입니다. 이날을 통해 많은 사람들이 자신의 401(k) 계좌를 점검하고, 필요한 조정을 하도록 촉진합니다.

개인의 장기적인 재정 안정성을 구축하기 위해서는 단순히 월급을 받는 것 이상의 노력이 필요하다는 것을 보여주며 특히, 젊은 세대에게 은퇴 계획을 세우고 꾸준히 저축하는 습관의 중요성을 강조합니다. 이는 국가 전체의 경제적 안정에도 기여합니다.

오늘의 한마디

오늘 넣은 401(k)는
미래의 나에게 보내는 선물이다.

29

APRIL

중요한 것은 당신이 옳은지 그른지가 아니라, 당신이 옳았을 때 얼마나 많은 돈을 벌고 틀렸을 때 얼마나 많은 돈을 잃었는가이다.

It's not whether you're right or wrong
that matters, but how much money
you make when you're right and how much
you lose when you're wrong.

조지 소로스 George Soros

오늘의 한마디

투자 성과는 '정답률'이 아니라 '손익 비율'에서 결정된다. 열 번 중 일곱 번 맞아도 수익보다 손실이 크면 무의미하다. 변동성이 크고 예측이 어려운 시장에서는 틀릴 때의 손실을 철저히 제한하는 리스크 관리가 핵심이다. 반대로 확률이 크게 유리할 때는 과감히 베팅해야 한다. 빈도보다 비중, 확실성보다 손익 관리를 중시해야 성공할 수 있다.

03

SEPTEMBER

파리조약 체결

1783년 9월 3일, 미국의 독립 전쟁을 공식적으로 종결하고 독립을 확정 짓는 파리조약이 체결되었습니다. 영국은 이 조약으로 미국 13개 식민지의 독립을 공식적으로 인정했습니다. 이 사건은 미국이 하나의 독립된 주권국가로 국제사회에 자리 잡는 중요한 순간이었습니다. 파리조약은 단순한 전쟁 종결이 아니라, 영국의 제국 경제 쇠퇴와 미국의 경제성장, 프랑스의 재정 위기 등 세계 경제의 구조 재편을 불러왔습니다.

파리조약은 자유와 독립의 가치를 되새기게 합니다. 이 조약은 약소국이 강대국에 맞서 독립을 쟁취하고, 국제적인 합의를 통해 국가의 정체성을 확립하는 것이 얼마나 중요한지 일깨워줍니다.

오늘의 한마디

국제적 협력과 합의를 통해 작은 나라나 집단도
권리와 정체성을 지킬 수 있다.

30

APRIL

위험을 감수했기 때문에 보상받는 것이 아니다. 싸게 산 자산이 보상을 가져다준다.

You don't get rewarded for taking risk;
you get rewarded for buying cheap assets.

제러미 그랜섬 Jeremy Grantham

오늘의 한마디

많은 사람들이 리스크를 감수해야만 보상이 따른다고 믿지만, 사실 수익은 가격과 가치의 불균형에서 나온다. 버블자산에 무모하게 투자하는 것은 위험만 높일 뿐 보상은 없다. 금리와 경기 불확실성이 큰 환경에서는 '싸게 살 수 있는 기회'를 잡는 것이 중요하다. 리스크 자체가 아니라 가격 대비 가치에 집중할 때 진정한 투자 수익이 발생한다.

02

SEPTEMBER

제2차 세계대전 종식

1945년 9월 2일, 일본이 도쿄만에 정박한 미국 전함 미주리호 함상에서 항복 문서에 서명하며 제2차 세계대전이 공식적으로 종식되었습니다. 이로써 6년간 이어진 인류 최대의 전쟁이 막을 내렸습니다. 이날은 전 세계가 전쟁의 참혹한 비극에서 벗어나 새로운 평화 시대를 염원하게 된 역사적인 순간입니다. 일본의 항복은 식민지 국가들에게는 해방과 독립의 기회가 되었으며, 국제 질서가 재편되는 중요한 계기가 되었습니다.

제2차 세계대전의 종식은 평화가 얼마나 많은 희생과 노력을 통해 이루어지는지를 상기시켜줍니다. 또한 국제사회가 전쟁 재발을 막기 위해 상호 협력하고, 과거의 역사적 교훈을 잊지 않아야 한다는 교훈을 제공합니다.

오늘의 한마디

진정한 승리는 전쟁의 끝이 아니라,
평화를 지키려는 노력에서 시작된다.

365 Days of Economics

5

MAY

01

SEPTEMBER

노동절
미국 증시 휴장일 및 조기 폐장일

노동절(Labor Day)은 근로자들의 노고를 위로하고 권익과 지위 향상을 위해 제정된 기념일입니다. 미국에서는 매년 9월 첫째 주 월요일에 기념하고 있습니다. 이날은 노동자의 희생과 노력을 기리며, 미국 내에서 공식적인 여름의 끝을 상징하는 날이기도 합니다. 노동절은 단순히 휴식의 날이 아니라 노동자들이 사회와 경제 발전에 기여한 중요한 역할을 인정하고, 그들의 권리를 보호하기 위해 제정되었습니다. 이는 19세기 말 노동운동의 성과를 반영하며 공정한 노동환경과 사회정의의 중요성을 강조합니다. 이날은 노동의 가치를 재조명하고 더 나은 노동조건을 위한 노력이 지속되어야 함을 시사합니다. 또한 노동자의 권익이 곧 사회 전체의 발전으로 이어진다는 점을 상기시키며, 균형 잡힌 사회를 위한 중요한 가치를 담고 있습니다.

오늘의 한마디

노동의 땀방울은 미래를 만드는 힘이다.

01

MAY

노동자 대규모 총파업

1886년 5월 1일, 미국 시카고의 노동자들이 하루 8시간 노동을 요구하며 대규모 총파업을 시작했습니다. 이들은 열악한 노동환경에 맞서 인간다운 삶을 쟁취하기 위해 투쟁했습니다. 이 투쟁은 이후 전 세계로 확산되어 노동절의 시초가 되었습니다. 또한 노동자들의 권리 향상과 노동운동 발전에 큰 영향을 미쳤으며, 전 세계적인 노동자 연대의 중요성을 각인시켰습니다.

노동절은 노동의 가치를 되새기고 현대사회의 노동문제들을 돌아보게 합니다. 오늘날에도 여전히 중요한 문제인 노동시간 단축, 공정한 임금, 안전한 근무 환경 등에 대한 논의를 촉발하며, 일과 삶의 균형을 추구하는 현대인의 가치관을 반영합니다.

오늘의 한마디

더 나은 내일을 위해 우리 모두의
삶을 지탱하는 노동의 가치를 생각하자.

365 Days of Economics

9

SEPTEMBER

02

MAY

그리스, 구제금융 협의

2009년부터 시작된 그리스의 재정 위기가 심화되자 유럽연합(EU), 유럽중앙은행(ECB), 국제통화기금(IMF)은 2010년 5월 2일, 그리스에 총 1,100억 유로 규모의 1차 구제금융을 제공하기로 합의했습니다. 이는 유로존 출범 이후 회원국이 외부 지원을 받은 최초의 사례입니다. 그리스 위기가 유럽 전역으로 확산되는 것을 막기 위한 역사적인 조치였지만, 동시에 유로존의 구조적 취약점을 드러낸 사건으로 평가됩니다.

단일통화정책을 사용하면서도 각국의 재정정책이 독립적으로 운용되는 유로존의 한계가 표면화되었습니다. 이 사건은 경제 위기 상황에서 국제 공조와 긴축정책의 중요성을 보여주는 사례입니다.

오늘의 한마디

하나의 통화, 하나의 운명.
위기는 연대와 개혁을 요구한다.

31

AUGUST

원하는 대로가 아니라 사실을 있는 그대로 받아들여라.

*Accept everything for what it is,
not what you want it to be.*

니콜라스 다바스 Nicolas Darvas

오늘의 한마디

투자자는 종종 보고 싶은 것만 보고 불편한 사실을 외면한다. 하지만 시장은 우리의 희망과 무관하게 냉정하게 움직인다. 금리, 실적, 경기지표 등 불편하더라도 있는 그대로 받아들이는 태도가 필요하다. 현실이 기대와 다를 때 이를 직시하는 용기가 곧 생존과 연결된다. 원하는 것보다 '존재하는 것'을 보는 눈이 투자의 힘이다.

03

MAY

워싱턴 D.C. 시(市) 법인화 통과

1802년 5월 3일, 미국 의회는 수도인 워싱턴 D.C.를 정식 시(市)로 법인화하는 법안을 통과시켰습니다. 이로써 대통령이 임명하는 시장과 선출된 시의회로 구성된 독자적인 시 행정부가 수립되었고, 명실상부한 수도로서 도시적 기반을 갖추게 되었습니다. 이전까지 연방 정부의 직할 구역이었던 워싱턴 D.C.가 자체적인 행정 체계를 갖춘 도시로 거듭나는 중요한 전환점이 되었습니다. 이는 수도의 기능적 안정성을 높이고, 도시 성장을 위한 초석을 놓았다는 점에서 큰 의미를 가집니다.

새로운 시작에는 행정적, 제도적 기반을 튼튼하게 다지는 것이 필수적입니다. 도시의 미래를 위한 첫 번째 발걸음은 시스템을 구축하는 데서 시작됩니다.

오늘의 한마디

위대한 도시도
작은 시작에서 비롯된다.

30
AUGUST

투자자의 가장 큰 문제이자 최악의 적은 바로 자신일 가능성이 높다.

The investor's chief problem — and even his worst enemy — is likely to be himself.

벤저민 그레이엄 Benjamin Graham

오늘의 한마디

탐욕, 공포, 조급함 등 인간의 심리가 성과를 갉아먹는다. 데이터보다 감정이 의사 결정을 지배할 때 손실은 불가피하다. 불확실성이 큰 장세에서는 자기 통제력이 무엇보다 중요하다. 투자자가 시장을 이기는 방법은 결국 자기 자신을 제어하는 것에서부터 시작된다. 가장 큰 리스크는 외부가 아니라 내부에 있다.

04

MAY

파나마운하 착공

1904년 5월 4일, 미국이 태평양과 대서양을 잇는 파나마운하의 건설을 공식적으로 시작했습니다. 프랑스에 이어 운하 건설 사업을 인수한 미국은 막대한 자원과 인력을 투입하여 10여 년에 걸친 대공사 끝에 1914년 운하를 개통했습니다. 파나마운하의 개통은 해상무역의 판도를 바꾸고, 전 세계 물류 시스템에 혁명을 가져왔습니다. 운하를 통해 태평양과 대서양을 오가는 선박들은 남미대륙을 돌아가는 긴 항해를 피할 수 있게 되었으며, 이는 무역 비용과 시간을 획기적으로 단축시켰습니다.

파나마운하의 건설은 인간의 기술력이 자연의 한계를 극복하고, 세계를 더욱 가깝게 연결할 수 있음을 보여주는 상징적인 사례입니다. 또한 오늘날에 국제 협력과 혁신적인 프로젝트의 중요성을 되새기게 합니다.

오늘의 한마디

거대한 물길을 연 도전이
세상을 하나로 잇다.

29

AUGUST

금을 보유하지 않는다면 역사도 경제도 모르는 것이다.

If you don't own gold,
you know neither history nor economics.

레이 달리오 Ray Dalio

오늘의 한마디

지정학적 갈등과 통화 불안, 인플레이션 등 위기 국면마다 금은 꾸준히 '최후의 안전 자산' 역할을 해왔다. 변동성이 큰 시장에서는 포트폴리오의 일부를 현금성 자산과 금으로 보유하는 자세가 필요하다. 역사를 돌아보면 통화가치가 흔들릴 때 금은 언제나 자산 보전의 도구였음을 알 수 있다. 현명한 투자자는 이 교훈을 간과하지 않는다.

05
MAY

어린이날 제정

1923년 5월 5일, 방정환 선생을 중심으로 한 '색동회'가 어린이를 존중하고 사랑하자는 의미에서 어린이날을 제정했습니다. 이는 당시 보호받지 못했던 아이들의 인격을 존중하자는 사회적 운동이었습니다. 일제강점기라는 어려운 시대 속에서 어린이날 제정은 어린이를 '미래의 희망'이자 하나의 인격체로 대우해야 한다는 새로운 인식을 심어주었습니다. 이는 식민지 시대에 잃어버린 민족의 정체성을 회복하려는 노력의 일환이기도 했습니다.

어린이날은 아이들이 건강하고 행복하게 성장할 수 있는 환경을 만들어주자는 의미를 되새기는 날입니다. 사회의 약자인 어린이의 권리와 인권을 보호하는 것이 미래를 위한 가장 중요한 투자임을 기억해야 합니다.

오늘의 한마디

어린이를 위한 따뜻한 마음이 모여
더 나은 미래를 만든다.

28

AUGUST

비전문가의 목표는 승자를 뽑는 것이 아니라 광범위한 바구니를 소유하는 것이다.

The goal of the non-professional should not be to pick winners, but to own a broad basket.

존 보글 John Bogle

오늘의 한마디

개별 종목 선정은 전문가조차 장기간 성공하기 어렵다. 비전문가라면 인덱스 펀드나 ETF처럼 광범위하게 분산된 자산을 보유하는 것이 현명하다. 특정 테마와 종목이 요동칠 때일수록 전체 시장에 참여하는 전략이 꾸준한 성과를 가져다준다. 투자를 단순화하는 것이 오히려 더 높은 확률로 성공을 보장할 것이다.

06

MAY

'플래시 크래시' 발생

2010년 5월 6일, 미국 증시에서 다우존스 산업평균지수가 단 36분 만에 약 1,000포인트(9%) 폭락했다가 다시 회복하는 '플래시 크래시(Flash Crash)'가 발생했습니다. 이는 대규모의 자동화된 프로그램 매매 오류로 추정되며, 현대 금융시장에서 알고리즘 매매와 초고속 통신 기술이 얼마나 큰 영향력을 갖는지 보여주었습니다. 시스템의 작은 오류가 순식간에 수조 원의 시장가치를 증발시킬 수 있다는 사실은 금융시장 관계자들에게 큰 충격을 안겨주었습니다.

플래시 크래시는 금융시장의 시스템 안정성과 규제의 필요성을 다시 한번 강조했습니다. 이후 미국 증권거래위원회(SEC)는 시장의 급격한 변동을 억제하기 위한 '서킷 브레이커' 제도를 강화하는 등 자동화 거래에 대한 감독을 강화했습니다.

오늘의 한마디

기술의 속도만큼
안전망의 중요성도 커진다.

27

AUGUST

투자자가 가질 수 있는 가장 강력한 무기는 장기적 관점이다.

The single greatest edge an investor can have is a long-term orientation.

세스 클라먼 Seth Klarman

오늘의 한마디

단기 변동성은 누구도 피할 수 없다. 그러나 장기적으로는 기업의 본질적 가치와 경제성장에 투자한 사람이 승리한다. 긴 호흡이야말로 최고의 경쟁력이 될 수 있다. 장기적 관점은 단기 불확실성을 흡수하고 복리의 힘을 극대화한다. 결국 가장 강한 무기는 흔들리지 않는 시간의 편에 서는 것이다.

07

MAY

OPEC, 산유량 조절 및 가격 안정 정책 지속

1979년 5월 7일, 석유수출국기구(OPEC) 회원국들이 국제 유가 급등에 대응하기 위해 산유량을 조절하고 가격을 안정시키는 정책을 지속적으로 추진하기로 합의했습니다. 1970년대 오일쇼크로 인한 에너지 위기 속에서 OPEC이 국제 석유시장에서 막대한 영향력을 행사했음을 의미합니다.

이 사건은 국제 에너지 정책이 글로벌 경제와 금융시장에 얼마나 큰 파급력을 가져올 수 있는지 다시 한번 확인시켜주었습니다.

오늘의 한마디

에너지의 힘은 경제의 흐름을 바꾼다.

26

AUGUST

모두가 팔 때 사서
모두가 살 때까지 보유하라.

Buy when everyone else is selling and
hold until everyone else is buying.

폴 게티 Paul Getty

오늘의 한마디

시장 흐름에 따라 움직이면 평범한 성과밖에 얻을 수 없다. 역발상적으로 행동할 수 있어야 진짜 수익을 거둘 수 있다. 급락장에서 패닉이 극심할 때 담고, 대중이 한껏 몰려올 때 팔아야 한다. 그러나 이 단순한 원칙을 꾸준히 실천하는 용기가 드물다. 진정한 투자 성과는 대중의 반대편에 있다.

08

MAY

코카콜라 최초 판매

1886년 5월 8일, 미국 조지아주 애틀랜타에서 약사 존 펨버턴(John Pemberton)이 코카콜라(Coca-Cola)라는 이름의 음료를 처음 판매했습니다. 원래는 두통약으로 개발되었으나 펨버턴은 코카콜라의 독특한 맛을 발견하고, 약이 아닌 상쾌한 음료로 마케팅했습니다. 이는 코카콜라를 세계적인 브랜드로 만드는 첫걸음이 되었습니다.

코카콜라의 성공은 브랜드 마케팅과 혁신적인 유통 방식의 중요성을 보여줍니다. 단순히 제품을 만드는 것을 넘어, 소비자에게 새로운 경험과 가치를 제공하는 것이 시장을 선점하는 핵심이라는 가르침을 줍니다.

오늘의 한마디

한 약사의 작은 발견이 전 세계 사람들의
일상에 상쾌한 순간을 선물하다.

25

AUGUST

가격이 낮을 때 사야 한다.
농담이 아니라, 정말이다.

You have to buy when prices are low.
I'm not making a joke, I mean it.

제프리 건들락 Jeffrey Gundlach

오늘의 한마디

단순하지만 투자자가 가장 지키기 힘든 원칙이다. 가격이 낮을 때는 공포가 크기 때문에 대부분이 외면한다. 그러나 수익은 남들과 반대로 행동하는 순간에 발생한다. 지금처럼 금리와 경기 우려로 저가 매수 기회가 생기는 시기를 준비해야 한다. 낮을 때 사지 않으면 결코 큰 수익을 얻을 수 없다.

09

MAY

소련, 독일 항복 승리 기념일 선포

1945년 5월 8일 유럽에서 나치 독일이 공식적으로 항복했지만, 소련은 하루 늦은 5월 9일을 독일 항복에 대한 승전 기념일로 선포했습니다. 이날은 러시아를 비롯한 여러 동유럽 국가들에서 가장 중요한 국경일 중 하나로, 소련의 막대한 인명 피해와 희생을 기리고 나치즘을 무너뜨리는 데 결정적인 역할을 했던 소련군의 공로를 기념합니다. 소련 국민들에게 자긍심을 심어주며, 전후 공산주의 체제의 정당성을 강화하는 중요한 역할을 했습니다.
5월 9일은 과거 냉전 시대의 역사와 정치적 이념이 오늘날까지도 동유럽과 러시아 사회 전반에 미치는 영향을 보여줍니다. 동시에 평화의 소중함과 전쟁의 비극을 다시 한번 되새기는 중요한 교훈을 되새기게 합니다.

오늘의 한마디

역사의 승리는 영광을 넘어 희생을 기억하고,
평화를 향한 책임을 다하는 데 있다.

24

AUGUST

주식시장에서 20% 손실을 상상하기 어렵다면 투자해서는 안 된다.

If you have trouble imagining a 20% loss in the stock market, you shouldn't be in stocks.

존 보글 John Bogle

오늘의 한마디

주식 투자는 언제나 큰 변동성을 동반한다. 투자자가 단기 손실을 감당하지 못한다면 처음부터 주식시장은 적합하지 않다. 최근처럼 흔들림이 잦은 환경에서는 더욱 그렇다. 주식은 장기적으로 오르지만, 단기 충격을 견딜 체력이 있어야만 진짜 보상을 얻을 수 있다.

10
MAY

대한민국, 제헌국회 총선거 실시

1948년 5월 10일, 해방 이후 대한민국 최초의 국회의원 선거인 5·10 총선거가 실시되었습니다. 이 선거는 유엔 감시 아래 한반도 남한 지역에서만 치러졌으며, 이를 통해 제헌국회가 구성되었습니다. 5·10 총선거는 대한민국의 민주주의와 정부 수립을 위한 역사적인 첫걸음이었습니다. 비록 남북한 분단이라는 아픔을 겪었지만 직접선거를 통해 국가의 정체성을 확립하고, 민주공화국의 초석을 다졌다는 점에서 매우 중요한 의미를 가집니다.

제헌국회 총선거는 국민의 투표를 통해 주권을 행사하는 민주주의의 가치를 다시 한번 강조합니다. 투표가 국가의 미래를 결정하는 가장 중요한 권리이자 의무임을 보여주는 사례입니다.

오늘의 한마디

우리의 한 표가 모여 민주주의의 역사를 만들었음을 기억하며,
소중한 권리를 지키고 발전시켜야 한다.

23

AUGUST

현명한 투자자는 시장을 완전히 무시하지 않는다. 자신의 이익에 부합할 때만 거래하라.

The intelligent investor shouldn't ignore Mr. Market entirely. Instead, you should do business with him – but only to the extent that it serves your interests.

벤저민 그레이엄 Benjamin Graham

오늘의 한마디

시장은 때때로 비이성적으로 오르내리지만 그 안에 좋은 기회가 있다. 투자자는 시장의 변덕을 무시하기보다 스스로에게 유리할 때 이용해야 한다. 감정적 매매가 많은 시기일수록 냉정하게 유리한 조건을 기다려야 한다. 시장과 거리를 두되, 필요할 때 협상하는 현명한 태도가 필요하다.

11
MAY

오스트리아 대은행 붕괴

1931년 5월 11일, 오스트리아의 최대 은행인 크레디트안슈탈트(Credit-Anstalt) 은행이 파산을 선언했습니다. 이는 제1차 세계대전 이후 유럽에서 발생한 첫 번째 대규모 은행 파산 사건으로, 미국발 대공황이 유럽으로 확산되는 결정적인 계기가 되었습니다. 또한 유럽 전역에 걸친 금융 시스템의 불안정성을 드러내며 뱅크런과 공황을 확산시켰습니다. 독일을 비롯한 중부 유럽 국가들의 금융 시스템을 마비시켰고, 영국이 금본위제를 포기하게 만드는 등 전 세계적인 금융 위기로 이어졌습니다.

오스트리아 대은행 붕괴는 한 국가의 은행이 전 세계 금융 시스템에 연쇄적으로 충격을 줄 수 있음을 보여주는 사례입니다. 금융 위기 상황에서 국제적인 공조와 신속한 대응의 중요성을 강조합니다.

오늘의 한마디

작은 균열이 거대한 쓰나미를 부른다.

22

AUGUST

실제로 결단을 내릴 수 있는 사람은 많지 않다.

There are not a whole lot of people
equipped to pull the trigger.

줄리언 로버트슨 Julian Robertson

오늘의 한마디

많은 투자자가 기회를 앞에 두고도 결정하지 못한 채 머뭇거린다. 특히 시장이 흔들릴 땐 두려움이 결단을 마비시킨다. 그러나 시장은 결단을 내린 사람에게만 보상을 준다. 신중함과 과감함을 병행할 때만 살아남을 수 있다. 기회는 늘 있지만 끝내 기회를 잡는 사람은 극소수에 불과하다.

12

MAY

소련, 베를린 봉쇄 해제

1949년 5월 12일, 소련이 서베를린으로 향하는 모든 육로를 차단했던 베를린 봉쇄를 해제했습니다. 이 봉쇄는 제2차 세계대전 이후 냉전 시대의 서막을 알리는 중요한 사건이었으며, 서방 연합국은 대규모 공수작전을 펼쳐 맞섰습니다. 베를린 봉쇄의 해제는 서방 연합국의 공수작전이 성공했음을 의미하며, 소련의 강경책에 맞선 서방세계의 의지를 보여주었습니다. 이는 냉전 시대의 긴장이 완화되는 한편, 동서독 분단이 고착화되는 결과를 낳았습니다.

베를린 봉쇄는 오늘날 국가 간의 갈등과 외교적 위기가 어떻게 도시와 시민들에게 직접적인 영향을 미칠 수 있는지 보여주며 평화적인 해결과 국제 협력의 중요성을 강조합니다.

오늘의 한마디

봉쇄의 끝에서 평화의 길을 찾기 위한
인류의 노력이 시작되었다.

21

AUGUST

미래는 결코 명확하지 않으며, 주식시장에서 낙관적인 합의에 따르는 대가는 매우 크다. 그러나 장기 투자자에게 불확실성은 친구다.

The future is never clear, and you pay a very high price in the stock market for a cheery consensus. But uncertainty is absolutely the friend of the long-term investor.

켄 피셔 Ken Fisher

오늘의 한마디

모두가 미래를 낙관할 때는 가격에 기대가 이미 반영돼 있다. 반대로 불확실성이 큰 구간에서만 값싼 기회가 나온다. 금리, 경기, 기술 변화가 불투명할 때는 오히려 장기 투자자에게 절호의 환경이 될 수 있다. 불확실성에 당황하지 않고 시간을 아군으로 삼을 줄 아는 투자자만이 보상을 얻는다.

13
MAY

미국, 저축은행 위기 촉발

1985년 5월 13일은 메릴랜드주 저축은행들의 대규모 예금 인출 사태가 발생하며 위기가 심화된 날입니다. 부실한 부동산 투자와 규제 완화가 주요 원인으로 지목됩니다. 이 사건은 부실한 금융 기관의 도덕적 해이와 규제 실패가 시장 전체에 얼마나 큰 충격을 줄 수 있는지 보여주었습니다. 또한 정부가 대규모 공적 자금을 투입하여 금융 시스템을 구제해야 하는 상황을 초래했습니다.
금융 산업의 규제와 감독의 중요성을 재확인시켜준 이 사례 이후 저축대부조합의 감독 권한을 연방 정부로 이관하고 보험 기금을 확충하는 등 금융 시스템의 안정성을 강화하는 조치가 이루어졌습니다.

오늘의 한마디

시스템은 언제나 약한 고리부터 무너진다.

20

AUGUST

잘 아는 곳에 투자하라.

Invest in what you know.

피터 린치 Peter Lynch

오늘의 한마디

자신이 직접 경험하고 이해하는 산업과 기업이야말로 최고의 투자 영역이다. 일상에서 쓰는 제품, 직업을 통해 아는 시장, 꾸준히 접하는 브랜드에서 좋은 아이디어가 나온다. 복잡한 금융 환경일수록 이해 가능한 범위 내에서 투자해야 예기치 못한 위기에도 버틸 수 있다. 단순한 원칙 같지만 여전히 가장 강력한 성공 법칙 중 하나이다.

14
MAY

마크 저커버그 탄생

1984년 5월 14일, 미국 뉴욕에서 페이스북(현 메타)의 창립자이자 CEO 마크 저커버그(Mark Zuckerberg)가 태어났습니다. 그는 2004년 하버드 대학교 기숙사에서 '더 페이스북(The Facebook)'을 공동 설립하며 소셜 미디어 혁명을 이끌었습니다. 페이스북은 사람들의 일상을 공유하고 소통하는 방식을 근본적으로 변화시켰습니다. 이는 정보 기술 산업의 새로운 가능성을 열었으며, 소셜 미디어라는 거대한 시장을 창출하는 계기가 되었습니다.
저커버그와 페이스북의 성장은 젊은 기업가가 어떻게 전 세계의 소통 방식을 바꿀 수 있는지 보여줍니다. 현재 메타는 인스타그램, 왓츠앱 등 다양한 플랫폼을 통해 영향력을 행사하고, 인공지능과 메타버스 같은 미래 기술에 투자하며 끊임없이 변화를 시도하고 있습니다.

오늘의 한마디

세상을 바꾸는 힘은
작은 아이디어에서 시작된다.

19

AUGUST

투자자들이 자신이 무엇을 하고 있는지 이해하지 못할 때만 광범위한 분산투자가 필요하다.

Wide diversification is only required when investors do not understand what they are doing.

워런 버핏 Warren Buffett

오늘의 한마디

지나친 분산투자는 확신 없는 자산에도 돈을 묻는 행위이다. 시장이 불확실하다고 해서 모든 분야에 억지로 나누다 보면 오히려 평균적인 성과에 그칠 수 있다. 변화가 빠른 시대일수록 내가 이해하고 잘 아는 분야에 집중하는 태도가 현명하다. 분산은 리스크 회피가 아니라 무지의 보완 수단임을 기억해야 한다.

15
MAY

맥도날드 1호점 개점

1940년 5월 15일, 미국의 리처드 맥도널드(Richard McDonald)와 모리스 맥도널드(Morris McDonald) 형제가 캘리포니아주에 '맥도날드(McDonald's)' 1호점을 열었습니다. 처음에는 작은 바비큐 식당이었지만, 1948년 '스피디 서비스 시스템'을 도입하며 조리 시간을 혁신적으로 단축했습니다. 이 시스템은 패스트푸드 산업의 기반이 되었고, 이후 레이 크록(Ray Kroc)이 인수하며 전 세계적인 프랜차이즈로 성장했습니다.

맥도날드의 성공은 표준화된 시스템과 효율성이 어떻게 산업의 판도를 바꿀 수 있는지 보여줍니다. 오늘날에도 많은 기업들이 맥도날드의 운영 방식을 벤치마킹하고 있습니다.

오늘의 한마디

기술혁신이
전 세계인의 식탁을 바꾸다.

18

AUGUST

비관론이 극에 달할 때 매수하라.

Buy at the point of maximum pessimism.

존 템플턴 John Templeton

오늘의 한마디

시장의 공포가 최고조에 달할 때야말로 가장 좋은 기회가 만들어진다. 경기 침체 우려, 금리 급등, 지정학적 리스크 등으로 모두가 비관적인 지금이 바로 그런 순간일 수 있다. 군중 심리가 만든 불안 속에서 가치 있는 자산은 저평가된다. 용기 있는 투자자는 비관의 시점에 매수해 장기적으로 큰 보상을 얻는다.

16
MAY

EU와 IMF, 포르투갈에 구제금융 승인

2011년 5월 16일, 유럽연합과 국제통화기금이 포르투갈에 780억 유로(약 120조 원) 규모의 구제금융을 공식적으로 승인했습니다. 포르투갈은 그리스와 아일랜드에 이어 유로존에서 세 번째로 구제금융을 받게 된 국가입니다. 이 사건은 2010년대 초반 유럽을 휩쓸었던 재정 위기의 심각성을 다시 한번 보여주었습니다. 구제금융 조건으로 포르투갈은 대대적인 재정 긴축과 구조 조정을 시행해야 했고, 이는 경제적 어려움과 사회적 갈등을 초래했습니다. 포르투갈의 구제금융은 경제 위기 시 국가 부채가 국가의 문제를 넘어 유로존 전체의 안정성을 위협할 수 있음을 입증했습니다. 또한 재정 위기에 대한 국제적인 공동 대응의 필요성과 한계를 동시에 보여주었습니다.

오늘의 한마디

채무의 파도는 국경을 가리지 않는다.

17

AUGUST

그래서 인플레이션은 쉽게 간과하게 되기 마련이며, 투자 성공을 평가할 때 단순히 수익이 아니라 인플레이션 이후에 얼마를 남기는지가 중요한 것이다.

That's why inflation is so easy to overlook — and why it's so important to measure your investing success not just by what you make, but by how much you keep after inflation.

벤저민 그레이엄 Benjamin Graham

오늘의 한마디

최근 몇 년간 인플레이션은 모든 자산 가치의 기본 가정을 흔들어놓았다. 명목 수익률이 높아 보여도 물가 상승을 고려하면 실제 구매력은 손실일 수 있다. 투자자는 단순히 '얼마를 벌었는가'가 아니라 '실질적으로 무엇을 보유했는가'를 따져야 한다. 인플레이션 이후 수익을 계산하는 습관이 진정한 투자 평가 기준이다. 실질 수익을 지킨 사람만이 진짜 부를 축적할 수 있다.

17
MAY

뉴욕증권거래소의 시작

1792년 5월 17일, 24명의 증권 중개인들이 뉴욕 월스트리트의 플라타너스 아래 모여 '버튼우드 협약(Buttonwood Agreement)'을 체결했습니다. 이는 뉴욕증권거래소의 시초가 되었으며, 표준화된 규칙에 따라 증권을 거래하는 현대적인 금융시장의 기반을 마련했습니다. 버튼우드 협약은 증권 거래에 대한 신뢰를 높이고, 투자자들을 보호하는 제도적 장치를 마련했다는 점에서 큰 의미가 있습니다. 이는 단순한 사적 모임을 넘어 미국 자본주의 발전의 중요한 기둥이 되었으며, 이후 세계 금융의 중심지로 성장하는 발판을 놓았습니다.

금융시장의 건전한 성장을 위해서는 투명하고 공정한 규칙이 필수적입니다. 버튼우드 협약은 금융시장의 질서를 확립하고, 더 많은 자본이 효율적으로 유통되도록 하여 국가 경제 발전에 기여했습니다.

오늘의 한마디

거대한 금융시장의 시작은
작은 약속에서 비롯되었다.

16

AUGUST

장기적으로 최고의 수익은 이익률이 낮은 회사가 아니라 우량 기업에서 나온다.

The greatest long-range investment profits are never obtained by investing in marginal companies. Investors desiring maximum gains over the years had best stay away from low profit-margin or marginal companies.

필립 피셔 Philip Fisher

오늘의 한마디

단기적으로는 저가주나 이익률이 낮은 기업이 반짝 기회를 줄 수 있다. 그러나 장기 복리 효과는 안정성과 경쟁력을 가진 우량 기업에서 나온다. 기술 혁신과 산업 변화가 빠른 시대일수록 튼튼한 체력이 중요하다. 이익률이 높은 기업은 위기를 버텨내고 기회를 확장할 수 있다. 우량 기업은 시간이 지날수록 더 큰 격차를 만들어낸다.

18

MAY

페이스북의 역사적 상장

2012년 5월 18일, 마크 저커버그가 이끄는 세계 최대 소셜 네트워크 기업 '페이스북'이 나스닥에 상장했습니다. 이는 당시 기술 기업으로는 사상 최대 규모의 공모 금액을 기록하며 전 세계의 이목을 집중시켰습니다. 페이스북의 상장은 소셜 미디어가 단순한 인터넷 서비스를 넘어 거대한 경제적 가치를 창출하는 핵심 산업으로 자리 잡았음을 상징합니다. 이는 기술과 플랫폼의 힘이 금융시장에 어떤 영향을 미치는지 보여주는 중요한 사례입니다. 또한 신기술 기반 기업의 성장 가능성과 동시에 시장의 기대가 너무 과열될 경우 발생할 수 있는 잠재적 위험을 동시에 보여주었습니다. 투자자들에게는 기업의 본질적 가치를 정확히 평가하는 안목이 중요하다는 교훈을 남겼습니다.

오늘의 한마디

시대의 흐름을 읽는 자가
새로운 역사의 주인공이 된다.

15

AUGUST

지적인 투자자는, 낙관론자에게 매도하고 비관론자에게 매수하는 현실주의자이다.

The intelligent investor is a realist who sells to optimists and buys from pessimists.

벤저민 그레이엄 Benjamin Graham

오늘의 한마디

시장은 언제나 감정의 극단을 반복한다. 낙관이 넘칠 때 가격은 과대평가되어 있고, 비관이 극심할 때는 저평가의 기회가 숨어 있다. 지금도 공포가 큰 섹터에선 저평가된 자산을 발견할 수 있고, 과열된 산업에서는 차익 실현을 고려해야 한다. 현실주의자는 심리에 휘둘리지 않고 철저히 반대로 움직인다.

19

MAY

독일, 투자 심리 회복 징후

2009년 5월 19일, 독일의 'ZEW 경제심리지수'가 예상치를 크게 웃돌며 2007년 9월 이후 최고치를 기록했습니다. 이는 글로벌 금융 위기 이후 독일 경제가 최악의 상황을 벗어나고 있다는 긍정적인 신호로 해석되었습니다. ZEW 경제심리지수는 향후 6개월간의 독일 경제 전망을 나타내는 선행지표입니다. 이 지수의 급격한 상승은 투자자와 금융 전문가들이 독일 경제의 회복 가능성에 대해 낙관적으로 생각하기 시작했음을 의미하며, 이후 전반적인 시장 심리 개선으로 이어졌습니다.

경제 위기 상황에서 투자심리지표는 경제주체의 기대 심리가 실제 경제활동에 어떤 영향을 미칠지 가늠하는 중요한 바로미터 역할을 합니다. 긍정적인 심리 회복은 실물경제의 회복에 중요한 첫걸음이 될 수 있습니다.

오늘의 한마디

경제 회복은 종종
희망의 신호탄과 함께 시작된다.

14

AUGUST

투자자로서 도움이 되는 것은 기다리는 것이다. 많은 사람들이 그저 기다리는 것을 참지 못한다.

It's waiting that helps you as an investor, and a lot of people just can't stand to wait.

찰리 멍거 Charlie Munger

오늘의 한마디

시장은 조급한 투자자에게서 인내심 있는 투자자에게 부를 이동시킨다. 하지만 대부분은 기다림의 고통을 견디지 못한다. 지금처럼 기회가 언제 올지 알 수 없는 환경일수록 '무위의 미덕'이 힘을 발휘할 것이다. 기다릴 수 있는 사람만이 좋은 기회를 크게 잡아서 보상받는다. 인내는 단순한 미덕이 아니라 수익의 필수 조건이다.

20
MAY

동유럽 부흥을 위한 'EBRD' 설립

1991년 5월 20일, 동유럽과 중앙아시아의 경제체제 전환을 돕기 위해 '유럽부흥개발은행(EBRD)'이 설립되었습니다. 이 은행은 소련 붕괴 후 시장경제로의 전환을 주요 목표로 삼았습니다. 냉전 종식 이후, 공산주의 체제에서 자본주의로 바뀌는 과도기에 있던 동유럽 국가들은 심각한 경제적 어려움을 겪었습니다. EBRD는 이들 국가에 자금과 기술을 지원하여 경제를 재건하고, 민간 기업 육성 및 시장 경제 시스템 도입을 촉진하는 데 중요한 역할을 했습니다.

EBRD의 사례는 국제금융기구가 특정 지역의 경제 전환과 발전에 얼마나 중요한 역할을 할 수 있는지 보여줍니다. 또한 국제적인 협력을 통해 경제적 불균형을 해소하고, 새로운 시장을 창출하는 것의 중요성을 강조하는 교훈을 줍니다.

오늘의 한마디

경제적 성장은 혼자 이루어지지 않는다.
국제적인 연대와 지원이 더 나은 미래를 만든다.

13

AUGUST

잠자는 동안에도 돈을 벌 수 있는 방법을 찾지 못한다면 죽을 때까지 일하게 될 것이다.

If you don't find a way to make money
while you sleep, you will work until you die.

워런 버핏 Warren Buffett

오늘의 한마디

노동 소득만으로는 인플레이션과 노후를 대비하기 어렵다. 평균수명이 늘어나고 불확실성이 커진 시대일수록 자산이 스스로 불어나는 구조를 만드는 것은 필수적이다. 배당주, 지수 투자, 임대 수익, 자동화된 투자 전략 등 잠자는 동안 돈이 불어나는 자산 시스템을 설계해야 한다. 경제적 자유는 시간이 돈을 벌어주도록 만들 때 가능해진다.

21

MAY

인도네시아, 수하르토 대통령 하야

1998년 5월 21일, 32년간 인도네시아를 철권통치했던 수하르토(Suharto) 대통령이 대규모 민주화 시위와 경제 위기에 직면하며 하야했습니다. 이는 아시아 금융 위기의 여파와 맞물려 발생한 인도네시아 민주화 운동의 결정적인 승리였습니다. 1997년 아시아 금융 위기로 인도네시아의 경제 상황이 급격히 악화되자, 이에 대한 국민들의 불만이 폭발했습니다. 수하르토 대통령의 하야는 독재 정권이 국민의 강력한 저항과 경제 위기를 동시에 극복하지 못하고 무너질 수 있음을 보여주는 사례가 되었습니다.

이 사건은 정치적 안정과 경제적 번영이 시민의 자유와 민주주의를 희생시키면서 이루어질 수 없음을 의미합니다. 수하르토 대통령 하야는 민주주의와 경제 정의를 향한 국민들의 열망이 얼마나 강력한 변화의 힘을 가지고 있는지 되새기게 합니다.

오늘의 한마디

진정한 안정은 자유로운 목소리가
보장될 때 비로소 시작된다.

12

AUGUST

부실채권에 시달릴 때 당신의 유일한 친구는 용기와 현금이다.

In distressed debt, courage and cash are your only friends.

하워드 막스 Howard Marks

오늘의 한마디

위기 상황은 공포로 가득하지만 동시에 최고의 기회를 제공한다. 이때 필요한 것은 위축된 시장에 뛰어들 용기와 실행할 수 있는 현금이다. 지금도 부실 기업과 특정 섹터에서 이런 기회가 출현하고 있다. 그러나 현금 없이 용기만으로는 소용없고, 용기 없이 현금만 있어도 무용지물이다. 위기 때 투자는 이 두 가지의 조합에서 탄생한다.

22

MAY

비트코인으로 피자 구매

2010년 5월 22일, 미국의 프로그래머 라슬로 한예츠(Laszlo Hanyecz)가 1만 비트코인을 지불하고 피자 두 판을 구매했습니다. 이는 비트코인을 실물거래에 사용한 최초의 사례로 기록되었습니다. 당시 비트코인의 가치는 매우 낮았으며 단순히 컴퓨터 파일로 여겨졌기 때문에 이 거래는 비트코인이 디지털 데이터가 아니라 실제 상품을 구매하는 데 사용할 수 있는 화폐로써의 가능성을 처음으로 증명한 사건이었습니다. 이는 암호화폐 역사의 중요한 전환점으로 평가받습니다.

현재 비트코인 1만 개는 엄청난 가치를 지니고 있습니다. 비트코인의 거래는 새로운 기술과 화폐의 가치가 어떻게 급변할 수 있는지를 극명하게 보여줍니다. 미래를 예측하고 새로운 가치를 알아보는 통찰력의 중요성을 강조하며, 혁신적인 기술이 가져올 미래에 대한 투자의 중요성을 다시 한번 상기시켜줍니다.

오늘의 한마디

혁신은 작은 시작에서 비롯되며,
그 가치는 시간이 말해준다.

11

AUGUST

항상 규율을 지키고
시장과 감정적으로 거리를 둬라.
감정이 개입되면 반드시 실수하게 된다.

You must stay disciplined and
remain emotionally detached from the markets.
If you get too emotionally invested,
you will likely make mistakes.

래리 윌리엄스 Larry Williams

오늘의 한마디

시장은 투자자의 감정을 시험한다. 탐욕은 거품에 올려놓고, 공포는 바닥에서 손을 떼게 만든다. 오늘날처럼 변동성이 큰 시장일수록 규율이 가장 중요한 방어선이다. 스스로 감정과 거리를 두고 원칙에 따라 행동할 때 실수를 줄일 수 있다. 시장을 멀리서 바라보며 냉정한 균형감을 유지해야 한다.

'23

MAY

독일연방공화국 건국

1949년 5월 23일, 제2차 세계대전 이후 연합국의 점령하에 있던 서부 독일 지역에 독일연방공화국(서독)이 건국되었습니다. 이는 동서 냉전 체제 아래 독일이 동독과 서독으로 분단되는 시작점이자, 민주주의와 시장경제를 재건하는 첫걸음이었습니다. 이후 서독은 미국이 서유럽 국가들의 경제 부흥을 지원하기 위해 시행한 '마셜 플랜(Marshall Plan)'을 바탕으로 '라인강의 기적'이라고 불리는 놀라운 경제성장을 이루며 유럽 경제의 핵심 국가로 자리 잡았습니다.

서독의 건국과 경제성장은 전후 재건과 경제 부흥의 중요성을 보여주는 대표적인 사례입니다. 이 사건을 통해 국가의 안정과 경제적 번영이 어떻게 상호 연결되어 있는지, 그리고 국제적인 협력이 위기 극복에 얼마나 중요한 역할을 하는지 알 수 있습니다.

오늘의 한마디

역사의 비극 속에서도 희망을 잃지 않는다면
기적은 반드시 찾아온다.

10

AUGUST

평범한 투자자도 약간의 조사만 하면 전문가처럼 성공할 수 있다.

Average investors can become experts in their own field and can pick winning stocks as effectively as Wall Street professionals by doing just a little research.

피터 린치 Peter Lynch

오늘의 한마디

지금은 누구나 기업 정보와 데이터를 쉽게 접할 수 있다. 일상에서 쓰는 상품이나 서비스만 잘 살펴도 투자 아이디어가 충분하다. 평범한 소비 경험과 약간의 조사만으로도 전문가 못지않은 통찰을 얻을 수 있는 시대이다. 거창한 분석보다 생활 속 관찰력이 오히려 더 큰 경쟁력이 될 수 있다. 자기 영역의 경험을 확신 있게 투자로 연결하는 것이 강점으로 이어질 것이다.

24

MAY

세계 최초로 전신 메시지 전송

1844년 5월 24일, 미국의 발명가 새뮤얼 모스(Samuel Morse)가 전신기를 이용해 워싱턴 D.C.에서 볼티모어까지 60km가 넘는 전신선으로 메시지를 전송했습니다. 모스부호를 통해 전달된 메시지는 "하나님이 만드신 것은 무엇인가(What hath God wrought?)"였습니다. 이 사건은 인류 역사상 처음으로 시간과 공간의 제약을 뛰어넘어 즉각적인 원거리 통신이 가능하다는 것을 증명했습니다. 전신은 정보 전달의 속도를 혁명적으로 바꾸었고, 이후의 통신 기술 발전에 결정적인 초석을 놓았습니다.

세계 최초로 이루어진 전신 메시지의 전송은 기술의 발전이 사회와 경제, 문화를 어떻게 변화시킬 수 있는지 보여줍니다. 전신의 등장은 정보화 시대의 서막을 열었으며, 오늘날 우리가 누리는 인터넷과 모바일 통신 시대의 원조가 되었습니다.

오늘의 한마디

모든 혁신은 한 줄의 메시지에서 시작되었다.

09

AUGUST

우리가 가장 좋아하는 보유 기간은 '영원히'다.

Our favorite holding period is forever.

워런 버핏 Warren Buffett

오늘의 한마디

단기 시세차익은 예측하기 어렵고 불안정하다. 반면 장기적으로 경쟁력이 검증된 기업은 시간이 지날수록 가치를 더한다. AI, 친환경, 디지털 전환 같은 패러다임 기업은 장기 보유할 때 진정한 성과를 가져다준다. 시장의 소음에서 벗어나 '영원히 들고 갈 수 있는 자산'을 찾는 것이 최고의 전략이다. 결국 장기 투자자의 손에 진짜 부가 쌓인다.

25

MAY

메모리얼 데이
미국 증시 휴장일 및 조기 폐장일

메모리얼 데이(Memorial Day)는 미국의 국경일로, 미국을 위해 목숨을 바친 군인들을 기리는 날입니다. 매년 5월 마지막 주 월요일로 지정되어 있습니다. 미국인들에게 국가와 자유를 위해 희생된 영웅들을 기억하고, 그들의 헌신에 감사하는 마음을 갖게 합니다. 이는 미국 사회의 애국심과 공동체 의식을 강화하는 중요한 역할을 합니다. 이날 미국 증시는 휴장합니다.

메모리얼 데이는 자유와 평화가 결코 쉽게 얻어지는 것이 아님을 되새기게 합니다. 또한 국가를 위한 헌신과 희생의 가치를 재확인하며, 오늘날 우리가 누리는 평화로운 삶이 수많은 이들의 희생 덕분이라는 점을 강조합니다.

오늘의 한마디

영웅들의 희생을 기억하는 것이
우리가 누리는 자유를 지키는 길이다.

08

AUGUST

투자에서 남의 의견에 휘둘려 결정을 내려서는 안 된다.

An investor should never let someone else's opinion drive their decision in stocks.

스탠리 드러켄밀러 Stanley Druckenmiller

오늘의 한마디

전문가 분석, 유튜브, 커뮤니티 정보가 넘쳐나는 시대일수록 스스로의 판단 기준이 사라지면 시장의 희생양이 되기 쉽다. 냉정한 리서치와 명확한 원칙을 기반으로 한 자율적 결정이 필요하다. 남의 의견은 참고에 불과하며, 책임은 언제나 자기 자신에게 있다. 독립적인 사고가 장기 성과를 만든다.

26
MAY

다우존스 산업평균지수 발표

1896년 5월 26일, 언론인 찰스 다우(Charles Dow)가 미국 주요 산업 기업 12개의 주가를 평균한 '다우존스 산업평균지수'를 발표했습니다. 이는 미국 증시의 전반적인 동향을 파악하기 위해 고안된 최초의 주가지수였으며, 오늘날까지도 전 세계 금융시장의 건강 상태를 가늠하는 가장 오래되고 영향력 있는 지표 중 하나입니다. 당시 복잡했던 주식시장을 쉽게 이해할 수 있는 기준으로 제시하여 투자자들의 판단을 도왔습니다.

이날은 경제의 흐름을 단순한 숫자로 요약하는 통찰력이 어떻게 금융 역사의 핵심 도구가 될 수 있는지 보여줍니다. 하나의 지표가 한 시대의 경제를 진단하는 기준이 될 수 있습니다.

오늘의 한마디

통찰력 있는 분석이 미래를 읽는 힘이다.

07

AUGUST

변동성은 적절히 사용하면 적이 아니라 친구다.

Volatility is your friend, it's not your enemy,
if you use it correctly.

켄 피셔 Ken Fisher

오늘의 한마디

대부분의 투자자들은 변동성을 피하려 하지만 기회는 변동성 속에 숨어 있다. 가격이 흔들릴 때 저평가 자산을 잡을 수 있고, 상승장은 변동성에서 시작된다. 불확실성이 높은 국면일수록 변동성을 위험이 아니라 도구로 활용할 수 있어야 한다. 변동성을 두려워하지 말고 활용하는 사람이 진정한 승자가 될 것이다.

27

MAY

미국, 증권법 제정

1933년 5월 27일, 미국 의회는 대공황의 원인이었던 불투명한 증권시장의 관행을 막기 위해 '1933년 증권법(Securities Act of 1933)'을 제정했습니다. 이 법은 증권 발행인이 투자자들에게 정확하고 완전한 정보를 제공하도록 의무화하는 것이 핵심이었습니다. 또한 미국 자본시장의 투명성과 공정성을 확보하는 데 결정적인 역할을 했습니다. 또한 모든 증권 발행에 대해 엄격한 공시 의무를 부과함으로써 투자자 보호를 강화하고, 시장의 신뢰를 회복시키는 중요한 기반이 되었습니다.

이 사건은 금융 위기를 극복하는 과정에서 정부의 규제와 역할이 얼마나 중요한지 보여줍니다. 시장의 자율성에만 맡길 수 없는 금융시장의 특성을 인식하고, 투자자를 보호하기 위한 제도적 장치가 필요하다는 교훈을 남겼습니다.

오늘의 한마디

투명성은 시장의 신뢰를 만든다.

06

AUGUST

투자의 비결은 가치를 파악한 다음 훨씬 적은 비용을 지불하는 것이다.

The secret to investing is to figure out
the value of something — and then pay a lot less.

조엘 그린블랫 Joel Greenblatt

오늘의 한마디

투자의 본질은 언제나 가치와 가격의 차이를 찾아내는 데 있다. 혁신 기술이든 전통 산업이든 실제 가치보다 낮은 가격에 사는 순간 수익은 이미 확보된 것과 같다. 고평가 종목이 많은 환경일수록 가치 대비 가격을 더욱 엄격히 따져야 한다. 싸게 사는 단순한 원칙이 결국 최고의 비밀이다.

28
MAY

'케네디 슬라이드'로 대규모 주가 조정

1962년 5월 28일, 뉴욕 증시에서 다우존스 산업평균지수가 하루 만에 약 5.7% 폭락하는 사태가 발생했습니다. 존 F. 케네디(John F. Kennedy) 대통령 재임 중 발생하여 '케네디 슬라이드(Kennedy Slide)'라고 불렸으며, 제2차 세계대전 이후 가장 큰 주가 하락이었습니다. 이는 장기 호황에 익숙해진 투자자들에게 큰 충격을 주었습니다. 당시 경제가 불안정하다는 뚜렷한 징후가 없었음에도 투자자들의 심리적 불안이 대규모 매도로 이어지며 시장의 취약성을 드러냈다는 점에서 의미가 큽니다.

케네디 슬라이드는 호황기에도 시장이 가진 잠재적 위험성을 경고했습니다. 또한 객관적인 경제지표뿐만 아니라 투자자들의 심리가 시장에 얼마나 큰 영향을 미칠 수 있는지 보여줍니다.

오늘의 한마디

호황 속에도 항상 위기의 씨앗은 있다.

05

AUGUST

'망하지 않는 대기업'이라는 단어는 어휘에서 지워야 한다.

The term 'too big to fail' must be excised from our vocabulary.

제이미 다이먼 Jamie Dimon

오늘의 한마디

과거 금융 위기와 최근 사례들이 보여주듯, 거대 기업도 결코 안전하지 않다. 규제와 기술 변화, 소비자 트렌드 변화는 언제든 대기업의 지위를 무너뜨릴 수 있다. 오히려 대기업일수록 구조적 위험에 크게 노출될 수 있으므로 '절대 망하지 않는다'는 믿음을 버릴 때 리스크 관리가 시작된다.

29

MAY

에베레스트산 등정 성공

1953년 5월 29일, 뉴질랜드 산악인 에드먼드 힐러리(Edmund Hillary)와 셰르파 텐징(Tenzing Norgay)이 세계 최고봉인 에베레스트산 등정에 성공했습니다. 이는 인류의 한계를 뛰어넘는 역사적인 위업으로 기록되었습니다. 이들의 성공은 당시 치열했던 미개척지 탐험 경쟁에서 영국 원정대가 거둔 큰 승리였으며, 인간의 끊임없는 도전 정신과 협력이 불가능을 가능하게 만들 수 있다는 희망을 전 세계에 심어주었습니다.

경제적인 관점에서 에베레스트산 등정은 목숨을 건 초고위험 투자 프로젝트라고 할 수 있습니다. 돈과 시간, 생명을 걸고 도전해야 하지만 성공 시 얻는 상징적·경제적 보상은 그만큼 막대합니다.

오늘의 한마디

위대한 성취는 한 사람의 힘이 아닌
모두가 함께 만들어가는 꿈에서 시작된다.

04

AUGUST

자주 매매하지 않을 포트폴리오를 설계하라. 오랫동안 함께할 수 있는 포트폴리오를 만들어야 한다.

Design a portfolio you are not likely to trade… akin to premarital counseling advice; try to build a portfolio that you can live with for a long, long time.

로버트 아노트 Robert Arnott

오늘의 한마디

시장이 변동할 때마다 같이 흔들리지 않으려면 장기적으로 가져갈 수 있는 포트폴리오를 설계해야 한다. 자주 거래하지 않아도 되는 구조라야 복리 효과가 극대화된다. 불확실성이 클수록 '장기 동행할 수 있는 자산'이 투자의 핵심이다. 단기 매매 대신 버틸 수 있는 안전한 설계가 성공을 부른다.

30

MAY

닛산, 자동차 회사 공식 설립

1934년 5월 30일, 일본의 자동차 제조업체인 닛산(Nissan)이 공식적으로 설립되었습니다. 이는 1933년 창립된 '닛산 산업'이 자동차 부문을 분리하여 출범한 것으로, 일본 자동차 산업의 역사를 본격적으로 시작하는 중요한 사건이었습니다. 닛산의 설립은 일본이 서구 선진국에 맞서 자체적인 자동차 기술을 발전시키는 계기가 되었습니다. 초기에는 주로 소형차와 트럭을 생산하며 내수시장을 개척했고, 이후 기술 혁신과 해외시장의 진출을 통해 글로벌 자동차 기업으로 성장하는 기반을 마련했습니다.

닛산의 공식 출범은 국가의 산업 발전이 어떻게 시작되고 성장하는지 보여줍니다. 닛산의 역사는 끊임없는 기술 개발과 도전이 국가 경제를 이끌고, 세계시장에서 경쟁력을 확보하는 것이 얼마나 중요한지 시사합니다.

오늘의 한마디

혁신적인 도전은 새로운 산업의 시작이다.

03

AUGUST

이익을 실현해서
망한 사람은 없다.

Nobody ever went broke taking a profit.

샘 젤 Sam Zell

오늘의 한마디

많은 투자자들이 더 큰 수익을 꿈꾸며 이익 실현을 늦춘다. 하지만 시장은 언제든 뒤집힐 수 있고, 확정되지 않은 이익은 언제든 사라질 수 있다. 급등락이 심할 때는 이익을 안전하게 확보하는 것이 생존 전략이다. 지나친 욕심보다 꾸준히 이익을 실현하는 습관이 장기적 부를 만든다.

31

MAY

FIFA 월드컵 개막

2002년 5월 31일, 대한민국과 일본이 공동 개최한 제17회 FIFA 월드컵이 개막했습니다. 서울월드컵경기장에서 열린 개막전에서 세네갈이 전 대회 우승팀인 프랑스를 1:0으로 꺾는 이변을 연출하며 세계를 놀라게 했습니다. 2002년 월드컵은 대한민국과 일본이 공동으로 개최한 첫 월드컵이라는 점에서 역사적인 의미를 가집니다. 특히 대한민국은 '붉은 악마'의 열정적인 응원 속에 사상 최초로 4강 진출이라는 위업을 달성하며 전 국민을 하나로 만들었습니다.

2002년 월드컵은 스포츠가 국가적인 자긍심을 고취하고 사회 통합에 기여할 수 있다는 것을 보여준 사례입니다. 또한, 월드컵이라는 국제적인 무대를 통해 한국의 문화와 열정을 전 세계에 알리는 계기가 되었습니다.

오늘의 한마디

스포츠는 한계를 넘어
새로운 역사를 창조하는 힘을 가진다.

02

AUGUST

아무리 좋은 기업이라고 해도 무슨 가격이든 매력적인 것은 아니다.

No business is attractive at any price.

셸비 컬룸 데이비스 Shelby Cullom Davis

오늘의 한마디

아무리 뛰어난 기업이라도 지나치게 비싼 가격에 사면 결국 수익률은 초라해진다. AI·혁신 관련 기업처럼 우량 기업도 가격 거품을 피해 갈 수 없다. 좋은 기업을 선택하는 것만큼 중요한 것은 적정 가격을 지켜내는 것이다. 아무리 위대한 기업이라도 비싸게 사면 나쁜 투자이다.

365 Days of Economics

6

JUNE

01

AUGUST

투자에서 가장 중요한 원칙 중 하나는 할 일이 생기기 전까지는 아무것도 하지 않는 것이다.

One of the best rules anybody can learn about investing is to do nothing, absolutely nothing, unless there is something to do.

짐 로저스 Jim Rogers

오늘의 한마디

빈번한 거래는 수익보다 손실과 비용을 더 키운다. 아무것도 하지 않는 것이 가장 이익인 시기가 분명 존재한다. 불확실성이 높을 때는 무리한 매매보다 차분히 기회를 기다리는 인내가 필요하다. 아무것도 안 하는 것이 때로는 가장 현명한 행동일 수 있다.

01

JUNE

개인은 남을 신경 쓰지 않고 기회가 올 때까지 기다릴 수 있다. 이는 전문가들에겐 거의 불가능한 장점이다.

The individual is far better-positioned to wait patiently for the right pitch while paying no regard to what others are doing, which is almost impossible for professionals.

제러미 그랜섬 Jeremy Grantham

오늘의 한마디

운용사와 기관투자가는 성과 압박 때문에 단기적으로 움직일 수밖에 없다. 그러나 개인투자가는 남의 시선을 신경 쓰지 않고 기다릴 자유가 있다. 노이즈가 넘쳐나는 환경에서는 '행동하지 않을 자유'가 강력한 무기가 될 수 있다. 기회가 올 때까지 현금을 지키고, 확률이 크게 유리해졌을 때 움직이는 것은 개인만이 가질 수 있는 장점이다.

02

JUNE

투자자는 투자 계획이 있어야 하며, 매수와 매도 기준을 명확히 세워야 한다.

You need an investment plan and
clear criteria for when to buy or sell.

케네스 프렌치 Kenneth French

오늘의 한마디

시장의 변동성은 계획 없는 투자자를 휘청이게 만든다. 불확실성이 클수록 의사 결정의 기준이 명확해야 한다. 매수와 매도 기준을 미리 세우면 감정적 판단을 줄이고 규율을 지킬 수 있다. 즉흥적 매매가 아니라 장기 전략과 원칙을 따른다면, 시장의 변화에도 흔들리지 않는다. 투자 계획은 투자자가 길을 잃지 않게 해주는 나침반과 같다.

31

JULY

미국·소련 전략무기감축협정 조인

1991년 7월 31일, 미국의 조지 부시(George H. W. Bush) 대통령과 소련의 미하일 고르바초프(Mikhail Gorbachëv) 대통령이 모스크바에서 '전략무기감축협정(START)'에 조인했습니다. 이 협정은 양국이 보유한 전략 핵무기의 수를 3분의 1 수준으로 줄이기로 합의한 역사적인 조약이었습니다. 또한 냉전 종식 후 미소 간의 군비경쟁을 완화하고, 핵무기 감축을 위한 중요한 첫걸음이었습니다. 두 정상은 "칼을 녹여 쟁기로 만들자"라는 상징적인 구호와 함께 실제 미사일을 녹여 만든 펜으로 협정문에 서명하며 평화의 의지를 보여주었습니다.

START 조약은 핵무기 확산 방지와 군비 통제가 국제 평화와 안정에 얼마나 중요한 역할을 하는지 보여줍니다. 이는 핵무기 없는 세상을 향한 국제사회의 노력을 상징하는 역사적 사건으로 평가받고 있습니다.

오늘의 한마디

힘의 균형을 넘어 평화를 향한 공동의 약속이
역사를 바꾸는 진정한 힘이다.

03

JUNE

자신의 강점을 파악하고 분야에 집중하라. 만능이 되려 하지 말고 자신에게 맞는 전략을 찾아라.

A trader must realize what he is good at and play to his strengths. Don't try to be a jack of all trades; focus on what works for you.

래리 윌리엄스 Larry Williams

오늘의 한마디

모든 산업, 모든 투자 방법을 개인이 정확히 알 수는 없다. 자신이 이해하는 분야와 강점을 파악해 우위를 가져가는 것이 장기적으로 훨씬 효과적이다. 예를 들어 기술 분석에 강하면 해당 영역을, 기업 분석을 잘한다면 가치 투자에 집중해야 한다. 지금처럼 정보가 쏟아지는 환경에서 선택과 집중은 생존 전략이다. 만능이 아니라 특화가 진짜 경쟁력이다.

30

JULY

미국, 사회보장법 제정

1965년 7월 30일, 미국의 린든 B. 존슨(Lydon B. Johnson) 대통령은 의료보험 제도인 '메디케어(Medicare)'와 '메디케이드(Medicaid)'를 포함하는 사회보장법 개정안에 서명했습니다. 이 법은 노인과 장애인 등 사회적 약자를 위한 정부 차원의 의료 지원을 확대하는 내용을 담고 있습니다. 또한 미국 역사상 가장 중요한 사회복지 정책 중 하나로, 의료 서비스가 필요한 모든 국민에게 최소한의 의료 혜택을 제공하려는 노력이었습니다. 이는 '위대한 사회(Great Society)'를 만들고자 했던 존슨 대통령의 정책을 상징하는 중요한 사건이었습니다.

메디케어와 메디케이드는 오늘날까지도 미국 사회보장제도의 핵심 축으로 기능하고 있습니다. 이는 국가가 국민의 복지와 건강을 위해 어떤 역할을 해야 하는지 보여주며, 사회적 안전망의 중요성과 복지국가의 역할의 중요성을 시사합니다.

오늘의 한마디

진정한 국가는 국민의 삶을 보살피는
따뜻한 마음에서 시작된다.

04

JUNE

사람에 투자하라. 위대한 기업은 비전 있고 진실된 리더가 이끈다.

We invest in people, not just in products.
Great businesses are built by visionary,
values-aligned leaders.

론 바론 Ron Baron

오늘의 한마디

뛰어난 제품이나 기술도 결국 지켜내는 것은 사람이다. 특히 위기 상황에서는 경영진의 리더십과 가치관이 기업의 생존을 좌우한다. 큰 변화가 많은 시장에서는 단순한 성과보다 리더의 진정성과 방향성이 중요하다. 좋은 리더가 있는 기업은 위기를 기회로 바꾸며 성장한다. 결국 기업 투자는 사람에 대한 신뢰에서 시작된다.

29
JULY

가쓰라·태프트 협정 체결

1905년 7월 29일, 미국 육군장관 윌리엄 태프트(William Taft)와 일본 총리 가쓰라 다로(桂太郎) 사이에 가쓰라·태프트 협정이 체결되었습니다. 이 협정은 미국이 일본의 대한제국 지배를 인정하고, 일본은 미국의 필리핀 지배를 인정한다는 내용을 담고 있습니다. 이는 당시 제국주의적 이해관계 속에서 대한제국의 운명이 희생된 대표적인 사건입니다. 미국은 자신들의 이익을 위해 조선의 독립을 외면했고, 이후 일본이 대한제국의 외교권을 박탈하고 식민지 지배를 정당화하는 데 중요한 역할을 했습니다.

가쓰라·태프트 협정은 강대국들의 이해관계 속에서 약소국의 주권이 얼마나 쉽게 훼손될 수 있는지 보여줍니다. 또한 국제 관계에서 자국의 이익만을 쫓는 것이 아닌, 약소국의 주권을 존중하는 것이 얼마나 중요한지 강조합니다.

오늘의 한마디

국익이라는 이름 아래 외면된 정의는
결국 역사의 오점으로 남는다.

05

JUNE

투자에서 가장 중요한 점은 감정을 잘 통제하는 것이며, 시장 상황보다 자신의 행동 양식이 훨씬 중요하다.

> The investor's principal problem is likely to be himself. How your investments behave is a lot less crucial than how you behave.

켄 피셔 Ken Fisher

오늘의 한마디

주가 변동은 어쩔 수 없는 현실이지만 어떻게 반응하느냐는 전적으로 투자자의 몫이다. 공포에 휘둘려 손절하거나 탐욕에 휩쓸려 과매수하는 순간 성과는 무너진다. 전략보다 심리 관리가 더 중요할 수 있다. 규율 있는 행동과 감정 통제를 통해서만 장기적 성과를 낼 수 있다. 시장이 아니라 자기 자신이 가장 큰 적일 수 있음을 잊지 말아야 한다.

28
JULY

제1차 세계대전 발발과 금융 위기의 시작

1914년 7월 28일, 오스트리아·헝가리 제국이 세르비아에 선전포고하며 제1차 세계대전이 발발했습니다. 전쟁이 임박하자 유럽 전역에서 투자자들의 자금 회수와 금 비축이 급증하면서 전 세계 금융시장에 극심한 불안을 초래했습니다. 이 사건은 정치적 위기가 전 세계 금융 시스템을 얼마나 빠르게 마비시킬 수 있는지 보여준 사례 중 하나입니다. 전쟁의 불확실성에 대응하기 위해 런던과 뉴욕 등 주요 금융시장이 줄줄이 문을 닫았고, 이는 근대 금융 역사상 유례없는 사태였습니다.

전 세계적인 금융 위기에 미국은 유럽에 대한 채무국에서 채권국으로 전환하며 국제금융의 중심지로 부상하는 계기를 마련했습니다. 이는 정치적 위기와 금융 시스템의 상호 연결성을 보여주며, 글로벌 경제 질서가 어떻게 재편되는지 시사합니다.

오늘의 한마디

정치적 격변이
경제의 지형도를 바꾼다.

06

JUNE

자신이 일하는 회사의 주식을 사는 것은 최악의 실수다. 일자리와 투자 모두 한순간에 잃을 수 있기 때문이다.

> One of the dumbest things any investor can do is to own stock in the company he works for, since he can lose both his job and portfolio simultaneously.

윌리엄 번스타인 William Bernstein

오늘의 한마디

직장인의 월급과 투자자산이 한 회사에 묶이면 위험은 두 배가 된다. 회사가 어려워지면 수입원과 투자자산을 동시에 잃을 수 있다. 구조 조정과 산업 환경 변화가 빠른 시대에는 더욱 치명적이다. 분산투자를 통해 삶과 투자가 동시에 흔들리는 리스크를 반드시 피해야 한다. 생존을 위해서라도 '올인'은 절대 금물이다.

27

JULY

한국전쟁 정전협정 체결

1953년 7월 27일, 유엔군과 공산군(북한군 및 중국군)은 판문점에서 한국전쟁 정전협정에 서명했습니다. 이로써 3년 1개월에 걸친 전쟁의 총성이 멈추고, 남과 북이 군사분계선을 경계로 대치하는 정전 상태가 시작되었습니다. 정전협정은 전쟁의 확산을 막고 한반도에 잠정적인 평화를 가져왔지만, 완전한 종전이 아닌 '휴전' 상태를 의미했습니다. 이는 남과 북이 이념적으로 대치하는 냉전 체제를 고착화하는 결과를 낳았고, 이후 70년이 지난 오늘날까지도 한반도 분단의 현실을 보여주고 있습니다.

정전협정은 평화가 얼마나 취약하고 소중한 가치인지를 상기시키며, 한반도의 항구적인 평화를 위해 정전협정을 넘어 종전협정을 향한 노력이 왜 중요한지 일깨워줍니다.

오늘의 한마디

멈춰진 전쟁은 언젠가 다시 시작될 수 있다.
진정한 평화는 끝없는 대화와 신뢰를 통해서만 이루어진다.

07

JUNE

나는 좋은 투자를 많이 원하는 게 아니라, 소수의 뛰어난 투자만을 원한다.

I don't want a lot of good investments;
I want a few outstanding ones.

필립 피셔 Philip Fisher

오늘의 한마디

평균적인 종목을 많이 모아도 결과는 평범할 뿐이다. 진정한 성공은 소수의 뛰어난 기회를 찾아내어 집중하는 데서 나온다. '괜찮은 종목'을 찾기보다 산업구조적 변화를 주도하는 소수 기업을 선별해야 한다. 포트폴리오를 채우기보다 압도적인 기회를 찾는 것이 장기 성과를 좌우한다.

26
JULY

미국, 일본 자산 동결

1941년 7월 26일, 미국 정부는 동남아시아 지역으로 군사적 확장을 이어가던 일본에 대한 보복 조치로, 미국 내 모든 일본 자산을 동결하는 긴급행정명령을 발동했습니다. 이는 일본의 대외무역을 사실상 차단하는 강력한 제재였습니다. 또한 일본에 대한 경제적 압박을 극대화하여 군사작전에 필수적인 석유 공급을 끊는 결정적인 역할을 했습니다. 일본은 이로 인해 미국과의 협상 또는 전쟁이라는 두 가지 선택지에 놓이게 되었으며, 태평양전쟁의 직접적인 도화선이 되었습니다.

이 사건은 경제제재가 국제 관계에서 얼마나 강력한 무기가 될 수 있는지 보여주는 역사적 사례인 동시에 강경한 경제정책이 때로는 외교적 해결을 더욱 어렵게 만들고, 예상치 못한 군사적 충돌을 초래할 수 있다는 교훈을 남겼습니다.

오늘의 한마디

외교는 경제와 함께 움직인다.

08

JUNE

투자에서는 감정을 배제하고 오직 데이터만 신뢰하라.

Remove the emotion from investing and trust the data.

짐 사이먼스 Jim Simons

오늘의 한마디

시장은 늘 인간의 감정에 의해 과열과 공포를 반복한다. 그러나 데이터는 사실만을 보여주며, 객관적 기준이 감정적 결정을 막아준다. 불확실성이 큰 시기에 감정적으로 매도와 매수를 하면 치명적인 실수를 저지르기 쉽다. 투자자는 차트, 실적, 거시지표와 같은 데이터를 통해 냉정하게 판단해야 한다. 감정을 버릴수록 장기적으로 더욱 안정적인 수익을 얻을 수 있다.

25
JULY

수에즈운하 국유화 선언

1956년 7월 25일, 이집트의 가말 압델 나세르(Gamal Abdel Nasser) 대통령은 수에즈운하를 국유화한다고 선언했습니다. 이는 이집트의 경제적 자립과 주권 회복을 위한 중요한 조치였으며, 국제사회에 큰 파장을 일으켰습니다. 당시 수에즈운하는 영국과 프랑스가 소유한 회사에 의해 운영되고 있었기에 국유화 선언은 이집트의 독립 의지를 상징했습니다. 이 사건은 이후 영국, 프랑스, 이스라엘이 이집트를 침공하는 수에즈 위기를 촉발했고, 냉전 시대의 복잡한 국제 관계를 보여주는 대표적인 사례가 되었습니다.

이집트의 수에즈운하 국유화 선언은 국가의 주권과 경제적 자립이 국제분쟁에 어떤 영향을 미치는지 보여주며, 자원의 전략적 중요성과 함께 국제적인 합의와 외교적 해결의 필요성을 강조합니다.

오늘의 한마디

진정한 독립은 국토의 자주권뿐만 아니라,
경제적 주권을 지킬 때 완성된다.

09

JUNE

인내심을 가지고 패닉 버튼만 누르지 않는다면 내려간 것은 대부분 다시 올라온다.

What goes down usually goes back up, if you're willing to be patient and don't hit the panic button.

마크 모비우스 Mark Mobius

오늘의 한마디

단기적 폭락에 놀라 패닉 매도를 하면 시장 회복의 과실을 놓치게 된다. 거시경제의 불안으로 가격이 크게 흔들릴 때일수록 인내심이 자산이 된다. 회복은 예측보다 오래 걸릴 수 있지만, 제대로 된 자산은 결국 제 가치를 되찾는다. 패닉 버튼을 누르는 순간 기회는 증발한다. 투자자의 가장 큰 무기는 인내 그 자체이다.

24

JULY

대한제국 군대해산 절차 개시

1907년 7월 24일, 일제가 대한제국을 사실상 식민지화하기 위해 체결한 '한일신협약(정미7조약)'에 따라 8월 1일 대한제국의 군대가 강제로 해산되었습니다. 이로 인해 대한제국의 군사 주권이 완전히 상실되었습니다. 이에 분노한 대한제국 군인들은 해산에 불복하고 의병에 가담하여 전국적으로 항일 무장투쟁을 전개했습니다. 특히 해산 당일, 시위대 연대장 박승환 참령이 자결하며 항일 의지를 불태웠습니다.

이 사건은 주권을 잃은 국가가 어떤 비극적인 결과를 맞이하게 되는지를 극명하게 보여주며, 국가의 자주 국방력과 주권 수호의 중요성을 강조합니다.

오늘의 한마디

빼앗긴 주권은 스스로의 힘으로
지켜내야 하는 소중한 가치이다.

10

JUNE

수익은 매우 중요하다.
우리의 자본이기 때문이다.

Returns matter a lot. It's our capital.

애비게일 존슨 Abigail Johnson

오늘의 한마디

수익은 단순한 숫자가 아니라 앞으로 투자할 수 있는 총알이다. 작은 차이처럼 보이는 연간 수익률 격차가 장기 복리 효과로는 어마어마한 차이를 만든다. 금리와 인플레이션이 자본 가치를 갉아먹는 시대에는 수익률 관리가 곧 자산 보전이다. 투자자는 '안정적인 수익' 자체를 자본으로 여겨 더욱 철저히 관리해야 한다. 자본을 키우는 가장 확실한 방법은 꾸준한 수익률 유지이다.

23

JULY

유럽, 금융 위기 시작

1914년 7월 23일, 오스트리아·헝가리 제국이 세르비아에 '사라예보사건'에 대한 최후통첩을 보냈습니다. 소식이 알려지자 전쟁 발발에 대한 공포가 확산되며 유럽 주요 은행들이 대출 회수 및 금 비축에 나섰고, 이는 전 세계적인 금융공황의 시작을 알렸습니다. 정치적 위기는 전 세계 금융시장을 큰 충격에 빠트렸습니다. 런던 증권거래소를 포함한 주요 시장이 폐쇄되는 전례 없는 상황이 벌어졌고, 런던 중심의 국제금융 질서가 미국으로 이동하는 계기가 되었습니다.

금융시장의 안정성은 정치적 안정성에 깊이 연결되어 있음을 시사합니다. 또한, 국가의 국지적인 분쟁이 국제 금융 시스템 전체를 뒤흔들 수 있다는 역사적 교훈을 남겼습니다.

오늘의 한마디

외교적 실패는 때로
금융 위기의 방아쇠가 된다.

11

JUNE

주식시장에서 가장 큰 적은 바로 자기 자신의 감정이다.

Your greatest enemy in the stock market is your own emotions.

윌리엄 오닐 William O'Neil

오늘의 한마디

탐욕은 거품에 올라타게 하고, 공포는 회복 직전에 시장을 떠나게 만든다. 실제로 시장을 이긴 투자자는 지식보다 감정 제어 능력이 뛰어난 사람이 많다. 뉴스와 소문이 투자 심리를 극도로 흔드는 시대일수록 감정 관리가 절대적이다. 흔들리지 않고 규율을 지키는 순간, 시장의 적은 외부가 아니라 내부임을 깨닫게 된다. 냉정함이 곧 경쟁력이다.

22
JULY

국제통화기금 설립

1944년 7월 22일, 미국 뉴햄프셔주 브레턴우즈에서 개최된 국제연합 통화금융회의에서 국제통화기금 설립 협정이 체결되었습니다. 이는 제2차 세계대전 이후 국제경제의 질서를 재건하고 환율 안정 및 국제금융 협력을 증진하기 위한 목적이었습니다. IMF의 설립은 국제금융 시스템의 안정성을 확보하고, 회원국의 국제수지 불균형을 해결하며, 세계무역을 확대하는 데 기여하는 중요한 국제기구의 탄생을 알렸습니다. 이는 브레턴우즈 체제의 핵심 축으로서 전후 세계경제 재건의 초석이 되었습니다.

IMF는 국제적인 금융 위기 발생 시 회원국에 대한 긴급 자금을 지원하며 금융 시스템의 붕괴를 막는 역할을 수행합니다. 이는 개별 국가의 경제문제가 전 세계로 확산되는 것을 방지하는 글로벌 협력의 중요성을 보여줍니다.

오늘의 한마디

세계경제의 안정은
협력과 규율에서 시작된다.

12

JUNE

자산 배분은
금융에서 유일한 무료 점심이다.

Asset allocation is
the only free lunch in finance.

해리 마코위츠 Harry Markowitz

오늘의 한마디

자산 배분은 복잡한 금융 공식이 아니라 가장 단순하면서도 강력한 투자 원칙이다. 주식, 채권, 현금, 대체 자산을 조합하면 변동성을 줄이고 안정성을 높일 수 있다. 특히 고금리·저성장 구간에서는 한 자산에 몰리는 것이 치명적 위험이 될 수 있다. 많은 투자자가 저평가되거나 상관관계가 낮은 자산을 함께 가져감으로써 생존 기회를 높인다. 꾸준한 성과는 종목 선택보다 자산 배분에서 나온다.

21

JULY

전 국민 현금 지급 시작

2025년 7월 21일, 한국 정부가 내수 진작을 위해 전 국민에게 현금(소비 쿠폰 형태) 지급을 시작했습니다. '민생회복 소비쿠폰'이라는 이름으로 지급되며, 전 국민을 대상으로 합니다. 일부 취약계층에는 추가 지원도 포함되어 있습니다. 가계의 소비 여력을 보완시키고 내수 수요를 유지 및 확대하는 역할을 기대하며 기획되었고 저소득층, 자영업자, 소상공인 등 경제적 충격에 취약한 계층을 보호하여 사회적 안전망을 강화하고자 하는 시도이기도 합니다.

민생회복 소비쿠폰은 위기 상황에서 국민의 생활 안정을 지키고, 내수를 살리기 위한 긴급 안전판이자 사회적 연대 장치로 작용합니다. 다만 일시적인 효과에 그칠 수 있으므로 구조적 경기 회복과 일자리 창출, 산업 경쟁력 강화와 같은 중장기 대책과 병행되어야 할 것입니다.

오늘의 한마디

민생의 안정이 곧
경제 회복의 출발점이다.

13

JUNE

이해할 수 없는 사업에는 절대 투자하지 마라.

Never invest in a business you can't understand.

워런 버핏 Warren Buffett

오늘의 한마디

새로운 기술이나 테마가 주목받을 때, 많은 사람들이 잘 알지 못하면서도 일단 투자한다. 그러나 복잡해 보이는 기업 구조는 위기 시 리스크 요인을 파악하기 어렵게 한다. 혁신과 변동성이 공존하는 때일수록 자신이 단순하게 설명할 수 있는 산업과 기업에 집중해야 한다. 이해 가능한 범위 내에서의 투자가 장기적 안정성을 보장한다.

20

JULY

미국, 인류 최초의 달 착륙 성공

1969년 7월 20일, 미국의 우주선 아폴로 11호가 달에 착륙했습니다. 닐 암스트롱은 "한 인간에게는 작은 한 걸음이지만 인류에게는 위대한 도약"이라고 말하며 인류 최초로 달 표면을 걸었습니다. 달 착륙은 인류가 목표를 향해 나아갈 때 어떤 위대한 일을 성취할 수 있는지 보여주는 상징과도 같습니다. 또한 미래를 향한 과감한 투자와 혁신적인 노력이 어떻게 인류의 삶을 풍요롭게 만드는지 보여줍니다.

오늘날의 반도체, 컴퓨터, 항공우주 기술 등은 달 착륙 프로젝트의 부산물에서 비롯된 것들이 많습니다. 즉 단순한 우주 탐사가 아닌 민간 경제 성장으로 이어진 기술 혁신의 촉발제였던 것입니다.

오늘의 한마디

역사를 만드는 것은 기술이 아니라,
꿈을 꾸고 도전하는 인간의 용기이다.

14

JUNE

실수했다면 최대한 빨리 매도하고 다음을 노려라. 실수는 가급적 자주 하지 마라.

If we are wrong, we just sell as fast as we can. Just get out as fast as you can when you make a mistake, and, hopefully, not too often.

론 바론 Ron Baron

오늘의 한마디

모든 투자자가 실수할 수 있지만 중요한 것은 실수를 얼마나 빨리 인정하고 행동하느냐이다. 손실 종목을 붙잡고 있으면 더 큰 구덩이에 빠질 뿐이다. 대신 실수 자체를 줄이기 위해 충분한 분석과 냉정한 기준을 세워야 한다. 장기 게임에서는 빠른 인정과 회복력이 승리한다.

19

JULY

몬트리올 올림픽 개막

1976년 7월 19일, 캐나다 몬트리올에서 제21회 하계 올림픽이 개막했습니다. 몬트리올 올림픽은 사상 최초로 아프리카 국가들이 대거 불참한 대회로, 정치와 스포츠가 분리될 수 없다는 현실을 보여주었습니다. 당시 뉴질랜드 럭비팀이 인종차별 정책을 펼치던 남아프리카공화국과 경기를 치르자 이에 항의하며 아프리카 29개국이 올림픽 불참을 선언했습니다. 스포츠가 단순한 경기를 넘어, 국제정치의 중요한 무대가 되었음을 상징하는 사건이었습니다.

몬트리올 올림픽은 스포츠를 통해 사회적·정치적 문제를 제기하는 것이 얼마나 중요한지 보여줍니다. 또한 스포츠가 가진 사회적 영향력과 윤리적 책임을 다시 한번 되새기게 합니다.

오늘의 한마디

스포츠는 승패를 넘어
더 나은 세상을 향한 목소리가 될 수 있다.

15

JUNE

시간은 당신의 친구이고, 충동은 당신의 적이다.

Time is your friend;
impulse is your enemy.

존 보글 John Bogle

오늘의 한마디

장기 복리의 힘은 시간이 만들어준다. 하지만 순간의 충동은 모든 구성을 무너뜨린다. 특히 변동성이 심할 때 충동적 매매는 자산을 지키지 못하게 만든다. 투자자는 시간의 편에 서서 인내로 일관해야 하며, 충동에 흔들리는 순간을 경계해야 한다. 꾸준히 시간을 아군으로 두는 것이 가장 확실한 자산 증식 방법이다.

18

JULY

미국 증시, 기술주 하락하며 가치주로 이동

2024년 7월 18일, 미국 증시에서 기술주 중심의 나스닥과 S&P 500지수가 큰 폭으로 하락한 반면, 다우존스 산업평균지수는 상승하며 신고가를 경신했습니다. 이는 기술주 중심의 시장 랠리가 주춤하고 가치주로 자금이 이동하는 '로테이션 현상'이 심화된 것으로 분석되며, 인공지능 열풍으로 급등했던 기술주에 대한 투자자들의 차익 실현 움직임이 나타났습니다.

또한 특정 섹터에 집중되었던 시장의 관심이 분산되고 있으며, 금리 인하 기대감에 힘입어 가치주가 다시 주목받을 가능성을 보여주었습니다.

오늘의 한마디

시장은 끊임없이 균형을 찾아간다.

16

JUNE

역사는 반드시 반복된다.
역사상 모든 버블은 예외 없이 터졌다.

History always repeats itself. Every great bubble in history has broken. There are no exceptions.

제러미 그랜섬 Jeremy Grantham

오늘의 한마디

닷컴버블, 부동산버블, 금융 위기까지 역사는 늘 같은 패턴으로 움직여왔다. 지나친 낙관과 무리한 자금이 몰린 자산은 결국 붕괴했다. AI, 가상 자산, 기술 열풍도 예외일 수 없다. 버블의 사이클을 인식할 때 위험을 피하고 기회를 잡을 수 있다.

17
JULY

대한민국헌법 제정

1948년 7월 17일, 대한민국 국회는 우리나라 기본 법률인 대한민국헌법을 제정하여 공포했습니다. 이로써 대한민국은 민주공화국으로서의 국가 체제를 공식적으로 확립하게 되었습니다. 일제강점기에서 해방된 후, 대한민국은 새로운 국가의 기틀을 마련해야 했습니다. 제헌 헌법은 국민의 자유와 권리를 보장하고 민주주의 국가의 원칙을 세우는 데 중요한 역할을 했을 뿐만 아니라, 경제체제의 토대를 마련하여 경제 주권을 확립했다는 의미를 지닙니다.

제헌절은 대한민국의 주권이 국민에게 있다는 민주주의의 기본 원칙을 되새기는 날입니다. 또한 자유민주주의를 지키고 발전시키기 위한 국민 모두의 책임을 강조하는 중요한 교훈을 줍니다.

오늘의 한마디

우리의 자유는 헌법이라는
단단한 약속 위에서 비로소 빛을 발한다.

17

JUNE

내가 큰돈을 번 건 생각이 아니라 기다림 덕분이었다. 알겠나? 꿋꿋이 버티는 것!

It was never my thinking that made the big money for me. It always was my sitting. Got that? My sitting tight!

제시 리버모어 Jesse Livermore

오늘의 한마디

많은 투자자들이 사고파는 전략에서만 성과를 찾으려 하지만, 실제로 큰 수익은 기다림에서 나온다. 좋은 기업을 발견했을 때 단기 등락에 흔들리지 않고 오래 들고 가는 것이야말로 진짜 차이를 만든다. 심리가 극단으로 치우칠수록 버티는 힘이 경쟁력이 된다. 조급한 행동보다 꿋꿋한 기다림이 장기적인 부를 만든다.

16

JULY

미국, 아폴로 11호 발사

1969년 7월 16일, 인류를 달로 보내기 위한 역사적인 프로젝트인 우주선 아폴로 11호가 미국 플로리다주 케이프커내버럴에서 발사되었습니다. 닐 암스트롱(Neil Armstrong), 버즈 올드린(Buzz Aldrin), 마이클 콜린스(Michael Collins) 세 명의 우주인이 탑승했습니다. 아폴로 11호 발사는 소련과의 치열한 경쟁에서 미국이 승기를 잡는 결정적인 사건이었습니다. 4일 뒤 인류 최초로 달 착륙에 성공하면서 존 F. 케네디 대통령의 "1960년대가 끝나기 전까지 달에 사람을 보내겠다"라는 약속이 실현되었습니다.

아폴로 11호의 성공은 인류의 도전 정신과 과학기술의 위대함을 상징합니다. 또한 불가능해 보이는 목표를 설정하고, 국가적 역량을 결집해 성취하는 중요성을 강조합니다.

오늘의 한마디

한계는 도전하는 자에게만
의미 있는 목표가 된다.

18

JUNE

낙관주의가 아닌 산술에 따라 매수하라.

Buy not on optimism but on arithmetic.

벤저민 그레이엄 Benjamin Graham

오늘의 한마디

기대와 희망으로 기업을 평가하면 착시가 생긴다. 테마와 유행이 강한 시대일수록 숫자로 검증된 근거가 필요하다. 실적, 현금 흐름, 부채 비율 같은 기초적 산술이 진실을 말해준다. 단기적인 낙관론에 휘둘리기보다 차갑게 계산할 때 장기적인 성과가 보장된다. 투자는 기대감이 아니라 냉정한 숫자의 언어로 해야 한다.

15
JULY

FTSE 100지수, 사상 최고치 경신과 동시에 미국 금리·국채 시장 조정

2025년 7월 15일, 긴축 우려가 일부 완화되며 FTSE 100지수가 사상 최고치인 9,016.98을 기록했습니다. 한편 미국에서는 인플레이션 상승에도 불구하고 국채 수익률이 하락세로 전환하며 시장이 안도했습니다. 이는 글로벌 경기 우려 완화, 정책 기대 변화에 따른 유럽 증시 호조와 미국 장단기 금리 조정이 함께 일어난 결과로 평가됩니다.

이러한 상황은 인플레이션 국면에서도 정책 변화 기대와 실적 모멘텀이 글로벌 증시에 강한 랠리를 촉발할 수 있음을 보여줍니다.

오늘의 한마디

시장은 나쁜 뉴스도 기회로 바꾼다.
중요한 건 속도가 아니라 방향이다.

19

JUNE

실수를 잊는 것은 더 현명해지려는 사람에게 아주 큰 실수다.

Forgetting your mistakes is a terrible error
if you are trying to improve your cognition.

찰리 멍거 Charlie Munger

오늘의 한마디

실수를 무시하면 같은 함정을 반복한다. 시장은 너무 빠르게 변화하기 때문에 지난 기록과 교훈은 큰 가치가 된다. 과거의 투자 실패를 철저히 분석해야만 다음 기회를 제대로 잡을 수 있다. 실수를 덮는 것이 아니라, 자산으로 전환하는 과정이 곧 학습 곡선이다. 실패는 값비싼 수업료지만 되새기지 못하면 아무것도 얻지 못한다.

14

JULY

바스티유 습격

1789년 7월 14일, 프랑스 파리의 시민들이 전제정치와 억압의 상징이었던 바스티유를 습격했습니다. 이 사건은 프랑스혁명의 서막을 알리는 결정적인 사건으로 기록되었습니다. 또한 프랑스 국민들이 혁명에 대한 의지를 확고히 하고, 절대왕정에 저항하는 민중의 힘을 보여준 역사적 순간입니다. 이 사건을 계기로 혁명의 불꽃이 프랑스 전역으로 확산되었습니다.

바스티유 습격은 국민의 주권과 자유를 향한 열망이 어떻게 역사를 바꾸는지 보여줍니다. 이 사건은 불의와 억압에 맞서 싸우는 시민들의 용기가 민주주의와 인권이라는 현대사회의 핵심 가치를 만들어냈음을 상기시켜줍니다.

오늘의 한마디

진정한 혁명은 무력에서 시작되는 것이 아니라,
자유를 향한 열망에서 시작된다.

20

JUNE

모든 주식은 오르지 않는 한 나쁜 주식일 뿐이다.

All stocks are bad unless they go up.

윌리엄 오닐 William O'Neil

오늘의 한마디

어떤 종목이든 결국 시장에서 평가받는 것은 가격이다. 기업의 스토리가 아무리 화려해도 주가가 지속적으로 상승하지 않으면 투자자는 성과를 얻을 수 없다. 단기 등락에 매몰되지 말고 장기적으로 상승할 힘이 있는 기업을 가려내야 한다. 본질적 성장과 수익성을 갖추지 못한 주식은 결국 '나쁜 투자'로 남을 뿐이다.

13
JULY

한국, 유로존 국채 매입 공식 승인

2012년 7월 13일, 한국 정부가 기획재정부의 결정으로 유로존 국채 매입을 승인했습니다. 이는 유럽 재정 위기 상황에서 외환 보유액의 안정적 운용을 위해 달러화 의존도를 낮추고 자산 포트폴리오를 다변화하려는 선진적인 투자 전략의 일환입니다.
유로존 국채 매입은 국부 펀드의 위험 분산과 국제 금융시장에서의 위상 강화를 시사합니다.

오늘의 한마디

외환 보유액의 현명한 다변화는
곧 국가 재정의 안정이다.

21

JUNE

손실은 망설임 없이 신속하게 끊어라.
시간을 낭비하지 마라.

Cut your losses quickly, without hesitation.
Don't waste time.

제시 리버모어 Jesse Livermore

오늘의 한마디

손실을 인정하는 것은 자존심 싸움이 아니라 생존의 문제이다. 시장 환경이 급변하는 시기에는 잘못된 자산을 오래 붙잡을수록 피해가 커진다. 빠른 손절은 자본을 지키는 가장 현실적인 방패이다. 희망 섞인 기다림은 돈을 태우는 행위일 뿐이다. 잘못을 인정하고 바로 다음 기회를 향해 나아가는 태도가 성공을 만든다.

12

JULY

러시아, IMF 구제금융 원칙적 합의

1998년 7월 12일, 러시아 정부가 IMF(국제통화기금)로부터 약 226억 달러에 달하는 대규모 구제금융 패키지를 받는 원칙적 합의에 이르렀습니다. 이는 당시 러시아가 직면했던 심각한 금융 위기를 막기 위한 긴급조치였습니다. 소련의 붕괴 후 자본주의 체제로 전환하는 과정에서 겪은 경제적 혼란과 외채 부담이 이 사건의 배경입니다. IMF 구제금융은 러시아 경제의 붕괴를 막는 데 중요한 역할을 했지만, 동시에 강도 높은 경제개혁을 요구하는 조건부 지원이었습니다.

이 사건은 탈냉전 시대에 국제금융기구가 국가 경제에 미치는 막대한 영향력을 보여줍니다. 또한 자본시장의 불안정성이 국가의 경제와 정치적 안정에 얼마나 큰 위협이 될 수 있는지 시사하는 사례로 남았습니다.

오늘의 한마디

경제 위기 앞에서
국제 협력은 선택이 아닌 필수다.

22

JUNE

자신이 무엇을 소유하고 있는지 명확히 알고, 왜 소유하고 있는지 분명히 알라.

Know what you own
and know why you own it.

피터 린치 Peter Lynch

오늘의 한마디

대부분의 사람들이 남의 추천이나 인기만 보고 종목을 사곤 한다. 변동성이 큰 상황일수록 내가 정확히 모르는 자산은 더 큰 불안으로 다가온다. '무엇을, 왜 갖고 있는지' 명확히 정의할 수 있어야 변동성에도 흔들리지 않는다. 명확한 이유 없는 투자는 불확실성을 키우는 지름길이다.

11

JULY

세계 인구의 날

1987년 7월 11일, 세계 인구가 50억 명을 돌파한 것을 기념하여 국제연합은 1989년부터 매년 7월 11일을 '세계 인구의 날'로 지정했습니다. 이날은 전 세계적으로 인구문제에 대한 관심을 높이고 인구과잉, 식량난, 환경 파괴 등 인구 증가로 인해 발생하는 다양한 문제에 대한 해결책을 모색하기 위해 제정되었습니다. 또한 가족계획의 중요성을 강조하고, 모든 사람이 건강하고 풍요로운 삶을 누릴 권리가 있음을 상기시키는 날이기도 합니다.

현재 세계 인구는 80억 명을 넘어섰으며, 인구문제는 여전히 중요한 글로벌 이슈로 남아 있습니다. 특히 저출산, 고령화, 인구 불균형 등 복잡하고 다양한 인구구조의 변화가 일어나고 있어 범국가적 논의와 협력의 필요성이 강조됩니다.

오늘의 한마디

인구는 단순히 숫자가 아니라,
지속 가능한 미래를 만들어갈 모두의 문제이다.

23

JUNE

아무도 필요하지 않은 겨울에 밀짚모자를 사서 모두가 필요한 여름에 팔아라.

Buy straw hats in the winter,
when nobody wants them, and sell them in
the summer when everybody needs them.

켄 피셔 Ken Fisher

오늘의 한마디

투자의 본질은 남들이 무관심하거나 비관적인 시점에 매수하고, 모두가 몰려드는 시점에 매도하는 것이다. 지금처럼 특정 산업에 자금이 몰릴 때는 이미 늦었을 수도 있다. 반대로 외면받는 자산 속에서 미래 기회를 선점할 수 있다. 시장의 주기를 읽고 남들과 다른 타이밍에 행동하는 것이 수익의 원천이다.

10
JULY

앤드루 잭슨 대통령, 제2중앙은행 재인가 거부

1832년, 의회가 제2중앙은행 재인가 법안을 통과시켰지만 잭슨 대통령은 강력한 거부권 행사를 통해 이를 무효화했습니다. 또한 자신의 거부권 메시지에서 중앙은행이 "부자와 권력자가 그들의 이기적인 목적을 위해 정부의 행위를 왜곡하는 수단"이라고 비판했습니다. 잭슨 대통령의 거부권 행사는 미국 중앙은행의 기능을 1913년 연방준비제도가 설립될 때까지 약 80년 동안 중단시키는 결과를 초래했습니다.

이는 대통령의 권력을 강화하고 경제민주주의에 대한 그의 신념을 보여주는 중요한 사건으로 평가됩니다. 또한 국가의 금융정책이 소수의 엘리트가 아닌 일반 국민의 이익을 우선해야 한다는 잭슨주의 정치 철학을 잘 보여줍니다.

오늘의 한마디

금융 권력은 언제나 민주주의의
시험대에 오른다.

24

JUNE

복리의 첫 번째 규칙: 불필요하게 중단하지 마라.

The first rule of compounding:
never interrupt it unnecessarily.

찰리 멍거 Charlie Munger

오늘의 한마디

복리는 시간이 축적될 때 비로소 힘을 발휘한다. 하지만 단기 수익에 마음이 흔들려 불필요하게 투자 계획을 끊는다면 복리의 기적은 사라진다. 잦은 매매보다 복리 효과를 지켜내는 인내심이 차이를 만든다. 복리를 깨뜨리지 않는 것이 최고의 무기가 될 것이다.

09

JULY

아르헨티나의 독립선언

1816년 7월 9일, 아르헨티나 투쿠만에서 열린 회의에서 각 지방 대표들이 모여 스페인으로부터의 독립을 공식적으로 선언했습니다. 이는 '남미연합주'라는 이름으로 독립국가를 건설하려는 노력이 공식화된 역사적인 순간입니다. 또한 수세기 동안 이어진 스페인의 식민 통치에서 벗어나, 아르헨티나가 독립국가로 거듭나는 결정적인 전환점이었습니다. 이는 라틴아메리카의 다른 독립운동에도 큰 영향을 미쳐 독립의 불씨를 확산시키는 계기가 되었습니다.

아르헨티나의 독립선언은 자유를 향한 염원과 단결된 의지가 어떻게 국가의 운명을 바꿀 수 있는지 보여줍니다. 독립은 단순히 주권 획득을 넘어 나라의 정체성과 미래를 스스로 결정하는 출발점이라는 교훈을 남겼습니다.

오늘의 한마디

독립은 자유를 향한
용감한 첫걸음이다.

25

JUNE

내가 가진 것은 모두 팔 수 있다.
아이들(그리고, 어쩌면 아내)만 빼고.

Everything I have is for sale,
except for my kids and possibly my wife.

오늘의 한마디

투자자산에 무작정 애정을 가지면 안 된다. 시장 환경과 상황에 따라 언제든 매도할 수 있어야 한다. 애정으로 자산을 붙잡으면 판단력이 흐려지고 불필요한 손실을 떠안게 된다. 바르게 변하는 시장에서는 더더욱 유연한 태도가 필요하다. 집착하지 않는 투자자일수록 기민하게 기회를 포착할 수 있다.

08

JULY

방위산업의 날

방위산업의 날은 방위산업의 중요성을 인식시키고, 국가 안보에 기여하는 방위산업 종사자들의 노고를 기리기 위해 제정된 대한민국의 법정 기념일입니다. 1970년 정부가 '방위산업 육성'을 선언한 날을 기념하여 2017년에 지정되었습니다. 방위산업의 날은 단순히 무기를 생산하는 것을 넘어, 자주국방 역량을 강화하고 첨단 기술을 발전시키는 방위산업의 핵심적인 역할을 강조합니다. 이는 국가의 안전과 번영을 지키는 데 필수적인 요소입니다. 방위산업은 국가 안보와 직결될 뿐만 아니라, 첨단 기술의 집약체로서 관련 산업의 기술 발전과 일자리 창출에 크게 기여합니다. 방위산업이 미래의 성장 동력이 될 수 있음을 보여주며, 지속적인 관심과 투자가 필요함을 시사합니다.

오늘의 한마디

방위산업은 국가 안보와
미래 기술을 지키는 힘이다.

26

JUNE

투자가 재미있다면 돈을 못 벌고 있을 확률이 높다. 좋은 투자는 지루해야 한다.

If investing is entertaining, if you're having fun, you're probably not making any money. Good investing is boring.

조지 소로스 George Soros

오늘의 한마디

단타 매매나 자극적인 테마 추격은 재미를 주지만 장기 수익을 만들지 못한다. 진짜 투자는 기업 분석, 장기 보유, 자산 배분처럼 지루한 과정을 거치는 데서 성과가 난다. 정보가 폭발하는 시대일수록 '재미'와 '투자 성과'를 혼동하지 말아야 한다. 지루한 원칙이 진짜 돈을 남긴다.

07

JULY

7·7 런던 테러 발생

2005년 7월 7일, 런던에서 이슬람 극단주의에 기반한 폭탄 테러가 발생했습니다. 네 명의 영국 국적 무슬림들이 런던 지하철과 버스에서 자살 폭탄 공격을 한 사건으로, 총 52명이 사망하고 700여 명이 부상당했습니다. 테러 당일, 런던 증시는 급락했고 파운드화 가치도 일시 하락했습니다.

7·7 런던 테러 이후 시장은 다소 빠르게 회복했습니다. 하지만 단기적으로는 금융시장과 소비에 큰 충격을 줬으며, 장기적으로는 보안 비용 상승과 위험 관리 강화로 이루어졌습니다. 인류를 위협하는 테러는 어떤 방식으로도 용납될 수 없음을 시사합니다.

오늘의 한마디

안전은 군사력이 아니라
사회적 신뢰와 포용에서 비롯된다.

27

JUNE

인기 있는 상품을 사서 잘 팔 수는 없다.

You can't buy what is popular and do well.

하워드 막스 Howard Marks

오늘의 한마디

모두가 알고 있는 인기 자산은 가격에 기대가 반영되어 있다. 대중이 몰려드는 시점은 종종 거품의 정점이기도 하다. AI나 특정 섹터의 인기가 지나치게 쏠린 분야를 경계해야 한다. 진정한 기회는 남들이 외면하는 곳에서 찾을 수 있다. 인기보다 비인기 자산에서 과실이 크다.

06

JULY

미국, 공식 통화로 달러 채택

1785년 7월 6일, 미국 대륙의회는 달러(USD)를 미국의 공식 통화로 채택했습니다. 당시 막 독립한 미국은 여러 외화를 사용하고 있었는데, 달러를 채택함으로써 통화 체계를 통일하고 경제적 독립을 강화하려는 의지를 보였습니다. 이러한 결정은 미국의 금융 시스템을 안정시키고, 경제 발전을 위한 중요한 기반을 마련했습니다. 단순한 화폐 단위를 넘어, 이후 브레턴우즈 체제를 통해 세계의 기축통화로 자리 잡게 되었습니다.

독자적인 화폐 제도는 경제적 주권을 상징하며, 글로벌 금융시장에서 중요한 역할을 합니다. 이 사건은 강력한 통화가 어떻게 국가의 경제력과 국제적 영향력을 뒷받침하는지 보여주는 중요한 사례입니다.

오늘의 한마디

통화는 국가의 경제를 담는 그릇이다.

28

JUNE

부는 많은 소유물을 갖는 데 있는 것이 아니라 욕망이 적은 데 있다.

Wealth consists not in having great possessions, but in having few wants.

오늘의 한마디

현대사회는 끝없는 소비와 비교로 욕망을 자극한다. 하지만 경제적 자유의 핵심은 더 많이 가지는 것이 아니라 덜 필요로 하는 삶을 설계하는 데 있다. 인플레이션과 높은 생활비 속에서 욕망의 절제는 곧 재정적 여유로 이어진다. 불필요한 소비를 줄이는 것이 장기 투자 재원을 늘리는 가장 확실한 방법이다. 진짜 부는 소유보다 태도에서 시작된다.

05

JULY

아마존 설립

1994년 7월 5일, 제프 베이조스(Jeff Bezos)는 워싱턴주 시애틀의 작은 차고에서 아마존을 설립했습니다. 처음에는 온라인 서점으로 시작했지만, 베이조스는 인터넷의 무한한 성장 가능성을 예측하고 사업을 확장했습니다. 아마존의 설립은 온라인 상거래의 시대를 본격적으로 열었습니다. 기존의 오프라인 유통 방식을 완전히 뒤엎고, 소비자들이 집에서 편하게 물건을 구매할 수 있는 새로운 쇼핑 경험을 제공하며 전자상거래 시장의 선두주자가 되었습니다.

아마존의 출현은 한 기업가가 미래를 내다보는 비전과 끊임없는 혁신을 통해 어떻게 산업의 판도를 바꿀 수 있는지 보여줍니다. 아마존은 단순한 온라인 소매업을 넘어, 클라우드 컴퓨팅(AWS) 등 다양한 분야로 확장하며 오늘날의 거대 기술 기업으로 성장했습니다.

오늘의 한마디

혁신은 차고에서 시작된다.

29

JUNE

손해를 실제로 확정 지은 뒤에는 전혀 미련을 갖지 않는다. 손해 자체보다 손실을 인정하지 않는 것이 더 해롭다.

A loss never bothers me after I take it. I forget it overnight. Being wrong – not taking the loss – does damage to the pocketbook and the soul.

제시 리버모어 Jesse Livermore

오늘의 한마디

누구나 손실을 경험한다. 문제는 손실 자체가 아니라 그것을 인정하지 않고 붙잡아두는 태도이다. 시장 변동성이 큰 시대에는 망설임이 손실을 눈덩이처럼 키운다. 빠른 손절과 미련 없는 태도가 자본을 지키는 유일한 길이다. 과거 손실에 사로잡히지 않고 미래 기회를 바라보는 투자자가 승리한다.

04

JULY

미국독립선언

1776년 7월 4일, 미국 필라델피아에서 대륙회의가 영국으로부터의 독립을 선언한 미국 독립선언서를 채택했습니다. 독립선언서는 모든 인간은 평등하며, 자유와 행복을 추구할 권리가 있다는 인류의 보편적 가치를 담고 있습니다. 이날은 영국의 식민지였던 미국이 주권을 가진 독립국가로 나아가는 역사적인 첫걸음이었습니다. 이후 미국은 8년간의 독립 전쟁을 거쳐 마침내 승리하고, 민주주의와 공화주의라는 새로운 정치 체제를 수립하는 계기가 되었습니다.

미국 독립선언서는 민주주의와 인권의 상징으로 남아 있습니다. 또한 국민의 자유와 평등을 지키려는 의지가 어떻게 한 나라의 미래를 결정하는지 보여주는 중요한 지표가 됩니다.

오늘의 한마디

자유를 향한 외침은
세상을 바꾸는 첫 번째 약속이다.

30

JUNE

시기는 끔찍한 죄이며, 고통만 많고 재미는 없다.

Envy is a terrible sin
— lots of pain and no fun.

찰리 멍거 Charlie Munger

오늘의 한마디

이웃이나 주변인의 투자 성공을 부러워할수록 자기 판단은 흔들린다. 특히 SNS 시대에는 타인의 빠른 부를 비교하며 불필요한 리스크를 떠안게 된다. 시기는 성과를 주지 않고 오히려 불안과 고통만 증폭시킨다. 남과의 비교 대신 나만의 원칙과 장기 전략을 고수하는 것이 최선이다. 투자에서 시기는 곧 자기 파괴로 연결된다.

03

JULY

'가장 좋은 날'이라는 통계적 속설

역사적으로 7월 3일은 S&P 500지수가 다른 날에 비해 상승하는 경향을 보였습니다. 7월 4일은 미국 증시가 휴장하는 날이므로, 휴장 직전인 3일에 시장 참여자들이 긍정적인 기대감을 가지고 투자에 나서는 경우가 많습니다. 이러한 현상은 특별한 경제 지표나 기업 실적 발표와 같은 펀더멘털 요인보다는 연휴를 앞둔 투자자들의 낙관적인 심리가 반영된 결과로 풀이됩니다. 하지만 모든 통계가 그렇듯 절대적인 법칙이 아니며, 시장 상황에 따라 달라질 수 있습니다. 특히 시장이 지속적으로 급등세를 보인 경우에는 7월 3일 하루의 상승 폭이 상대적으로 작게 보일 수도 있습니다.

오늘의 한마디

통계는 과거를 말하지만,
투자는 미래를 보고 한다.

ns of Economics

7

JULY

02

JULY

미국, 월마트 1호점 개점

1962년 7월 2일, 미국의 소매업자 샘 월튼(Sam Walton)이 아칸소주 로저스에 월마트(Walmart) 1호점을 열었습니다. "저렴한 가격으로 모든 것을 제공한다"라는 경영 철학을 바탕으로 시작된 이 작은 점포는 오늘날 전 세계 최대 규모의 소매 기업으로 성장했습니다. 당시 미국의 소매시장은 소규모 상점과 지역 백화점을 중심으로 이루어져 있었습니다. 월마트는 대량 구매와 효율적인 유통 시스템을 통해 가격을 낮추는 혁신을 가져왔고, 이는 소비자들에게 새로운 쇼핑 경험과 경제적 이익을 제공하며 소매업의 판도를 바꾸었습니다.

월마트의 성공은 혁신적인 경영 모델과 고객 중심의 가치가 어떻게 거대한 기업을 만들어내는지 보여주며, 온라인 쇼핑의 발전에도 불구하고 여전히 막강한 영향력을 유지하고 있습니다.

오늘의 한마디

작은 아이디어로 시작된 혁신은
거대한 세상을 바꿀 수 있는 힘이 된다.

01

JULY

홍콩의 중국 반환

1997년 7월 1일, 156년 동안 영국의 식민지였던 홍콩이 중국에 반환되었습니다. 이는 1984년 체결된 '중영공동선언'에 따라 이루어진 역사적인 사건입니다. 홍콩은 '일국양제(一國兩制)' 원칙에 따라 고도의 자치권을 보장받는 특별행정구가 되었습니다. 홍콩 반환은 제국주의의 상징이었던 식민 지배 시대가 막을 내리고 중국이 국제 무대에서 영향력을 확대하는 중요한 전환점이었습니다. 당시 홍콩 시민들은 미래에 대한 기대와 불안이 교차하는 복잡한 감정으로 역사의 한 페이지를 지켜보았습니다.

홍콩 반환은 자유와 민주주의를 추구하는 홍콩 시민들과 중국의 강력한 통치 사이의 지속적인 긴장 관계를 보여줍니다. 일국양제 원칙의 훼손에 대한 논란은 오늘날까지 이어지고 있으며, 이는 국제사회에 민주주의와 인권에 대한 중요한 화두를 던지고 있습니다.

오늘의 한마디

역사의 큰 물결 속에서 한 도시의 운명은 새로운 시대를 맞이하지만, 그 안의 사람들은 여전히 자유와 정체성을 찾기 위한 여정을 계속한다.

365 Days of Economics